KB178729

사람의 마음을 사로잡는

감성소통

사람의 마음을 사로잡는

감성소통

ⓒ 신은희, 2017

초판 1쇄 발행 2014년 6월 20일
　　2쇄 발행 2017년 4월 13일

지은이　　신은희
펴낸이　　이기봉
편집　　　류주연, 강초희

펴낸곳　　도서출판 좋은땅
출판등록　제2011-000082호
주소　　　경기도 고양시 덕양구 통일로 140 삼송테크노밸리 B동 442호
전화　　　02)374-8616~7
팩스　　　02)374-8614
이메일　　so20s@naver.com
홈페이지　www.g-world.co.kr

ISBN　978-89-6449-904-7 (03190)

이 도서의 국립중앙도서관 출판예정도서목록(CIP)은 서지정보유통지원시스템 홈페이지(http://seoji.nl.go.kr)와 국가자료공동목록시스템
(http://www.nl.go.kr/kolisnet)에서 이용하실 수 있습니다.(CIP제어번호: CIP2014017906)

사람의 마음을 사로잡는

신은희 지음

막히거나 부딪혀 소통을 포기한 적은 없는가!?

아예 입을 닫고 살지는 않았는가? 소통의 장벽이 점점 높아져 두려움까지 생기고, 잘하려고 하면 할수록 더 어려워진 경험이 있을 것이다. 일상에서 직업에 이르기까지 이런 상황은 누구에게나 큰 장애물이다. 자, 그렇다면 이제 감성으로 소통하자. 이 책은 당신의 답답한 가슴을 시원하게 뚫어줄 것이다. 그리고 당신 앞에 있는 사람의 마음을 사로잡아 당신이 맘껏 능력을 발휘하도록 도와줄 것이다.

좋은땅

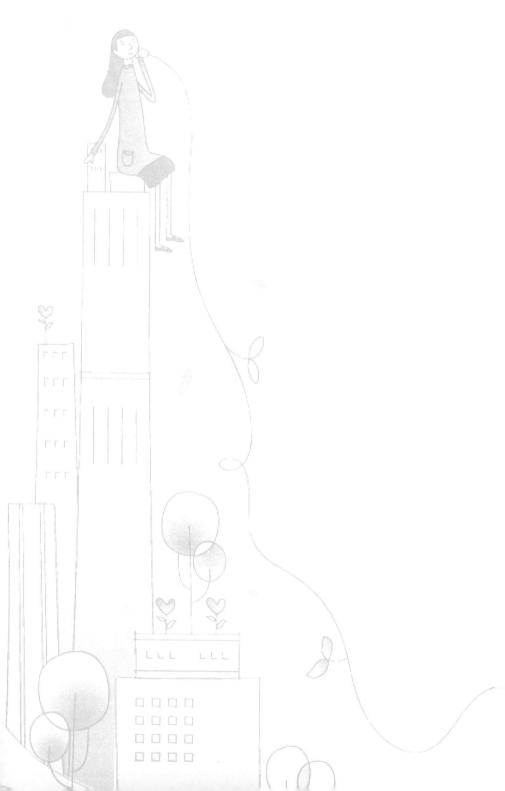

소통이 형통이다

　소통이 안 되는 시대에 살고 있다. 부부 간에 말이 안 통한다고 한다. 부모와 자식, 시어머니와 며느리, 사장과 직원, 여당과 야당, 정치인과 국민 사이에 말이 통하지 않는다고 한다. 부부가 소통이 안 되면 가정폭력이나 이혼으로 이어질 수 있다. 자녀와 소통이 안 되면 아이는 가출을 생각할지도 모른다. 직장에서 소통이 안 되면 좋은 성과를 기대할 수 없다. 스포츠 팀에서 소통이 안 되면 나쁜 성적을 낼 수밖에 없다. 여야, 당정, 정부와 국민 사이에 소통이 안 되면 국가 경쟁력 하락은 불 보듯 뻔하다.

요즘 의료계의 소통 문제가 관심거리다. 의료사고는 시시비비를 가리기가 애매할 때가 많은데, 임의 소송이란 환자가 고소를 할 수도 있고 하지 않을 수도 있는 애매한 상황에서 의사를 고소한 경우를 말한다. 같은 상황에서 어떤 환자들은 왜 부당한 치료를 받았다고 느끼고 격분하여 행동을 취하는 반면 어떤 환자들은 그렇게 하지 않는 것일까? 캘리포니아 대학교 보건심리학 교수로 있는 셸리 테일러가 쓴 『보살핌』에 따르면 고소를 많이 당하는 의사들은 환자에 관심이 없고, 감정이 메마르고, 환자들의 통증에 주의를 기울이지 않으며, 환자들이 호소하는 고통에 전혀 정서적으로 반응하지 않는다고 한다. 그들은 환자를 배려할 줄 모르고, 생색을 내고, 심지어는 환자를 경멸하는 의사라는 것이다. 환자들이 의료 행위에 불만을 제기하면 그들은 무례하게 환자의 의견을 묵살했고, 설명해달라는 환자의 요구를 무시했으며, 전화도 받지 않았다. 간단히 말해서 자주 소송을 당하는 의사들은 소통 능력이 부족했던 것이다. 의사들의 소통 능력은 결국 병원의 경쟁력으로 이어진다.

의료계에서 소통이 중요해지자 최근 한 명문대 의대 입학전형에서 인성을 파악하기 위한 면접 비중을 높였다고 한다. 소통을 잘 할 수 있는 지원자를 선발하겠다는 것이다. 의사에게 전문적인 지식도 중요하지만 기본적인 인성도 중요하다는 것이다. 의사에게는 환자뿐 아니라 다른 의료진과 하는 소통도 중요하다. 충분히 살릴 수 있는 환자를 의료진 간 소통이 부족하여 사망하는 사례가 늘고 있기 때문이다.

이렇게 소통 능력을 중요하게 생각하는 추세는 이제 모든 사회로 번져가고 있다. 이유는 하나다. 좋은 성과를 내려면 소통 능력이 중요하기 때문이다.

이때 신은희 교수의 책이 나오게 되어 얼마나 반가운지 모른다. 참으로 고마운 일이다. 이 책은 어려운 소통 문제를 쉽게 풀어쓰셨다. 나는 두 가지 이유로 이 책을 추천한다.

우선은 배울 것이 아주 많다. 단지 이론이 아니라 오늘 읽고 내일 써먹을 수 있도록 실전 위주로 되어 있다.

그 다음 이 책을 집필한 신은희 교수가 감성소통을 아주 잘하는 사람이기 때문이다. 작년 김해시에 있는 대학교 경영대학원으로 강의를 하러 갔을 때 나는 한눈에 알아봤다. 남을 위한 배려가

몸에 배여 있는 듯했다. 자신은 실천하지 못하면서 글만 번드르르한 책이 얼마나 많은가. 그런 면에서 믿을 만하다. 이 책은 사업을 하는 사람이든, 직장에 다니는 사람이든, 남을 가르치는 사람이든 사람과 어울려 살아가는 모든 사람이 읽어야 할 책이다. 형통하려면 소통해야 하기 때문이다.

오정환, 미래경영연구원 원장

지치고 힘겨운 소통에서 벗어나
편안하고 즐거운 소통으로 마음을 사로잡자

사람들이 모여 이루어진 사회에서 가장 중요한 것은 무엇일까? 많은 시설과 장비, 그것을 이어주는 시스템과 프로그램 등 수많은 요소들이 있겠지만, 그 모든 하드와 소프트를 움직이는 휴먼, 즉 인간이야말로 사회를 구성하는 가장 핵심이라 하겠다. 그래서 사람을 중심에 두고, 사람을 중요하게 여기는 가치관이나 규범, 정책 등은 여느 조직이나 기업, 국가를 막론하고 다른 것에 비해 우선시되어야 한다. 그것이 구성원의 행복한 삶의 기반 위에서 지속 가능한 성장 발전을 기대할 수 있는 원동력이다.

나는 그것을 내 삶의 현장에서 체험했었다. 그 중, 내가 몸담았던 두 개의 조직인 군대와 병원에서 그 중요성을 깨닫는 데는 그리 오랜 시간이 필요하지 않았다.

군대는 다른 어떤 조직보다도 목적을 달성하기 위해 가장 우수한 장비와 정확한 규정이 갖추어진 곳이다. 그러나 성능 좋은 무기와 철저한 규칙도 '군인'이라는 사람의 생각으로 결정되고 실행되어지는 것이기 때문에 최종적으로는 사람이 핵심이다.

또한 병원도 다르지 않았다. 청결하고 편리한 시설과 최첨단 진료장비를 구비하고, 잘 짜여 진 진료시스템을 설치해 놓았다고 해도 모두 성공할 수는 없다. 정작 진료에 들어가면 그 병원에 근무하는 사람, 즉 의료진들이 어떻게 하느냐에 따라 좋은 병원이 될 수도 있고, 반대로 아주 나쁜 병원이 될 수도 있다.

나는 간호사관학교를 졸업하고 군병원에서 간호장교로 10년을 근무하고, 전역 후 민간의료기관에서 또 10여 년간을 근무하면서 이러한 진리를 가장 핵심으로 생각하게 되었다. 더구나 군대에서는 주 업무 외에 교육장교를 겸직하면서, 그리고 민간의료기관에서는 병원 직원들에게 친절교육이라 불리는 고객만족교육팀장, 전략기획팀장, 고객감동팀장 등을 역임하면서 그 중요성을 더욱 실감할 수 있었다.

그래서 2008년 사람을 위한, 사람을 향한, 사람들의 '인경(人經)연구소'를 설립하게 되었다. 그리고 다양한 조직과 기업 등 우리 사회 속에서 사람의 가치를 중시하고 사람을 소중히 여길 수 있도록 연구와 강의, 컨설팅을 계속해오고 있다.

그렇다면 과학과 기술의 발달이 최고조에 이르고 있는 21세기, 이 시대를 살아가는 우리가 오히려 그 결핍을 인지하고 상대적으로 인간의 본성을 찾는 인문학에 열망하는 이유는 무엇일까?

자연과 더불어 살았던 농경사회를 지나 기계와 문명이 빠르게 발달하며 인간의 삶이 편리해지고 나아지는 듯 여겨졌던 산업사회를 거쳐 현대사회에 이르렀지만, 이제 그 반대급부로 인간성은 상실되고, 사회는 점점 각박해져가고 있다. 좀 더 냉철한 판단력과 객관적인 근거를 기준으로 성장을 거듭해오는 동안 기계와 숫자에 익숙해진 이성적 측면이 지나치게 강조되어 온 것이다.

그러는 동안 따뜻하고 부드러운 인간의 본성인 감성적 측면은 애써 억누르거나 무시되어 왔다고 해도 과언이 아니다. 하지만, 인간은 어떤 상황을 판단할 때에 전체의 80%이상을 감성에 호소하고 나머지 20%정도만을 이성에 호소한다고 한다. 우리의 일상생활 속에서 어떤 선택이나 판단의 경우를 가만히 들여다보면 가히 맞는 말이다. 그리고 이는 사람 간의 관계를 이루고 지속시켜 나가기 위한 의사소통에서 매우 중요한 개념이 된다. 지시와 명령, 비난과 질책보다는 권유와 협조, 타협과 양보가 더 효과적이기 때문이다. 여기서부터 감성소통이 시작 된다.

또 어떤 관계나 형식이든 두 사람 이상이 모이면 조직이 되는데, 여기에는 당연히 리더가 존재하게 된다. 그리고 어느 조직이든 계속 유지하고 발전하려면 좋은 리더가 필요하다. 특히 우리가 살고 있는 지금, 이 시대는 감성의 시대라고 한다. 그러므로 이성적으로 통솔하고 일방적으로 끌고 가기 보다는 감성적으로 소통하고 서로 화합해 갈 수 있는 감성리더를 필요로 한다. 그럴 때 조직은 즐겁고 신나는 감성조직으로 생명력을 갖게 되고, 효과적인 목표달성과 효율적인 생산성도 가능해진다. 그러면 개인과 조직이 함께 행복해지고 계속 성장해 나갈 에너지를 스스로 만들어낼 수 있지 않겠는가?

나는 그동안 "저서로는 어떤 책이 있습니까?"라는 질문을 수없이 받아왔었다. 그럴 때마다 언젠가는 책을 써야겠다고 생각했었다. 그리고 강의가 늘어가고 해를 더해가면서 그 필요성은 더욱 절실했다. 강의실에서 일일이 다 언급하지 못하는 내용들을 책에 담아야 했다. 더구나 강의 현장에서 만나는 분들께서 책에 대한 갈증을 요청해 올 때는 미안한 마음까지 들었다. 하지만 그런 주위의 권유에도 불구하고, 강의 원고작성과 달리 한 권의 책을 엮어낸다는 것은 쉽지 않았기에 지금까지 미뤄왔던 하나의 미션이 되었다.

그러다가 용기를 냈다. 그동안 연구하고 강의하면서 모아왔던 자료들을 분류하고 보완하는 작업을 하던 중, 미래경영연구원 오정환 원장님께서 보내주신 저서, 『책 쓰기다』는 본격적인 출간준비를 하게 된 결정적인 계기가 되었다. 그리고 설레는 마음으로 이제 막 첫 작품을 세상에 선보이게 되었다.

항상 따뜻한 격려와 아낌없는 조언으로 힘을 주시는 모든 분들께 깊은 감사를 드리고, 늘 편안하게 감싸주고 응원해주는 가족들에게 고마움을 전하며 출간의 기쁨을 함께 나누고 싶다. 특히 책의 출간을 위해 애써주신 좋은땅 출판사의 이기봉 대표님과 임직원 여러분들께 감사드린다.

부디 이 책을 읽는 분들께서 지치고 힘겨운 소통에서 벗어나 편안하고 즐거운 소통으로 나아가 사람들의 마음을 움직이고 사로잡아 사람과 함께하는 것이 가장 행복한 일이 되기를 기원한다.

2014년 6월, 푸르른 신록이 가득한 즈음에

서학(西學) 신 은 희 인경연구소 소장

목 차

 막힌 소통채널, 감성으로 뚫어라

 리더, 성공하려면 감성으로 소통하라

조직, 감성으로 거듭나고, 감성으로 성장하라

1

막힌 소통채널,
감성으로 뚫어라

감성소통 시대의
이미지 만들기

'말하지 않아도 안다', '눈빛만 보아도 안다', '목소리만 들어도 안다' 굳이 말의 내용이 아니더라도 사람과 사람사이의 소통을 가능케 하고, 서로 뜻과 마음을 전달할 수 있다는 말이다.

다니엘 골먼이라는 학자는 '인간을 변화시키려면 이성에 호소해서는 한계가 있고, 감정, 감성에 호소해야 쉽게 변할 수 있다' 고 했다. 인간이 변화하는 데에 약 20%가 이성적으로 작용하고, 약 80%는 감성적인 영향을 받게 된다는 것이다. 우리는 살아가면서 크든 작든 늘 수많은 선택을 해야 한다. 그런데 그 선택의 기로에 서 있을 때, 정확한 수치나 객관적 근거에 의하기보다는 마음속에서 일어나는 그 어떤 '이끌림'의 파장으로 인하여 판단하게 되는 경우가 대부분이고, 이는 곧 행동으로 옮겨지게 된다. 감성이 이성을 지배한다고 해도 과언이 아니다.

이러한 현상은 우리의 삶을 들여다보면 쉽게 이해될 수 있다. 의식주에 관한 소비생활을 예로 들어보자. 옷이나 신발을 살 때 우리는 그 재료의 세세한 구성요소나 내구성 등을 자세히 알아보기보다는 그 제품이 주는 색상이나 디자인, 촉감 등을 보고 구매하는 경우가 많다. 또 음식도 마찬가지다. 그 음식의 영양소나 재료의 구성비를 일일이 고려하기보다는 향기, 모양, 맛 등을 보고 고르는 경우가 많다. 어디 그뿐인가? 고가의 아파트나 자동차, 가전제품을 구입할 때 역시 어느 정도 규모나 가격 등에 기준을 두고는 있지만, 비슷한 상황이라면 자신이 좋아하는 외형이나, 편안함, 브랜드를 보고 결정을 내리게 된다.

이렇듯 우리는 알게 모르게 '느낌'이 주는 막강한 힘과 그 영향력 속에서 살아가고 있다 해도 과언이 아니다. 다시 말하면 그 '느낌'은 감각을 통해 받아들여지는 정보를 인식하는데, 시각, 청각, 후각, 미각, 그리고 촉각 등 오감을 통해서 들어오는 자극들을 인지하고, 통합하게 되는 것이다.

그런데, 이는 물질적인 소비에만 적용되는 것이 아니라, '인간' 대 '인간'의 소통과정에서도 그렇다. 인간이 사회속에서 살아가려면 원하든, 원하지 않든 간에 무수히 많은 연관된 조직 속에서 끊임없이 소통하고 관계를 형성해나가야 하는데, 그 내막을 들여다보면 객관적이고 이성적인 면보다 주관적이고 감성적인 면이 훨씬 더 많이 있음을 어렵지 않게 볼 수 있다.

그리고, 감성적인 면에 작용하는 가장 중요한 감각적 요소는 시각과 청각이다. 어떻게 보여 지고 어떻게 들려지는가가 막강한 힘을 발휘한다는 것이다. 이를 두고 심리학자 앨버트 매러비안은 '매러비안 법칙'에서 55%의 시각적 요소와 38%의 청각적 요소, 그리고 나머지 7%만이 기타 요소로 작용한다는 이미지 효과를 강조하였다. 그리고 이를 의사소통에 비추어보면 상대방에게 전달과정에서 표정 30%, 태도 20%, 몸짓 5%의 시각적 요소와 목소리, 말투, 말의 속도, 음의 고저 등의 청각적 요소가 38%로 대부분의 효과로 작용하는데 비해, 가장 중요하리라고 여겼던 '말하는 내용은 겨우 7%의 효과'에 그친다고 한다.

다시 말하면, 우리는 이러한 감성적 이미지로 소통한다고 해도 과언이 아니다. 이미지란 어떤 사람이 가지고 있는 표정, 말투, 목소리, 옷차림, 몸짓, 매너 등이 한 장의 사진처럼 형상되어 상대에게 그대로 전달된 후 오랫동안 기억되는 인상인데, 유명 인사나 연예인들의 이름을 들으면 우리의 머릿속에 떠오르는 한 장의 사진이 거의 비슷한 이미지일 것이다. 그 이유는 그들은 그러한 이미지로 자신이 맡은 역할을 수행하면서 우리와 소통해왔기 때문이다.

언젠가 한 유명한 개그맨이 신사복 정장을 광고한 적이 있다. 방송에서 예능 전문 프로그램에 고정 출연하면서 머리까지 노랗게 염색하고, 늘 수다스러운 콘셉트의 역할을 맡았던 그였다. 하지만 광고에서 정색한 표정과 절제된 자세로 흑백 사진 속에 나타난 그의 정적인 모습은 이제껏 보여주었던 것과는 정반대의 느낌을 표현하고 있었다. 그 광고를 보면서 의문이 들었다. 왜 신사복에 어울리는 멋진 영화배우나 모델이 아닌 신사적인 분위기와 전혀 다른, 웃기는 개그맨을 내세웠을까? 왜냐하면 남성들이 신사복 정장을 입는다는 것은 유쾌하거나 가벼워 보이고자 하는 의도는 아닐 것이다. 오히려 격식을 갖추고 예의를 다하며 품위를 나타내기 위해 기꺼이 비싼 가격을 지불하고, 또 불편함을 무릅쓰고 착용할 것이다.

그런데 왜 그랬을까? 도대체 광고주나 광조 제작자의 의도는 무엇이었을까? 추측컨대, 그 이유는 아마도 그 신사복 브랜드 인지도나 브랜드 파워를 너무 과신했던 것이 아닐까? 즉, 신사복과 가장 거리가 멀어 보이는 우스꽝스러운 개그맨이라도 그 브랜드의 신사복만 입으면 이렇게 품격이 달라지고 멋있어진다는 것을 전달하고자 하지 않았을까? 그러니 누구나 입기만 하면 그야말로 젠틀맨이 된다고 강조하고 싶었을 것이다. 하지만, 그 광고는 아주 짧은 기간에 방송에서 사라졌다. 아마 기억하는 이도 별로 없을 것이다. 더구나 광고를 보는 이들은 '아, 저 신사복 입으면 저런 개그맨이 되겠구나!' 그랬을 것이다. 왜냐하면 사람들에겐 그 개그맨이 보여주고 싶어 놓은 이미지가 훨씬 더 강하게 작용했기 때문이다. 그도 그럴 듯이 지금 그 신사복 광고 모델은 요즘 가장 인기 있는 남자 배우이다. 그는 매우 도시적인 분위기와 지적이고 남성적인 카리스마에 매너까지 갖춘 젠틀맨의 이미지를 그대로 담고 있다. 신사복에 잘 어울리는 이미지 그 자체로 누구나 입고 싶어지게 만든다.

그렇다면 과연 우리는 각자 어떤 이미지를 가지고 있을까? 우리가 속해 있는 가정과 사회 속에서 어떻게 소통하여 왔을까?

'내가 어떤 이미지를 가졌다'는 것은 '내가 그런 메시지를 전달하고 싶다'고 말할 수 있다.

떠올리면 미소가 지어지는 사람, 어떤 일이든 잘 해낼 것 같은 사람, 같이 있으면 힘이 나고 행복해질 것 같은 사람, 함께 있으면 주위가 밝아지고 따뜻해질 것 같은 사람, 뭐든 얘기해도 뒷일을 걱정 안 하고 괜찮을 것 같은 사람, 답답한 가슴을 시원하게 뚫어 줄 것 같은 사람, 아픈 얘기를 털어 놓으면 위로가 될 것 같은 사람……. 생각만 해도 기분이 좋아지는 이런 사람은 얼마나 아름답고 그리운 대상인가?

좋은 감성 이미지로 호감을 전달하자. 그 시간, 그 장소, 그 사람과 함께 하기에 가장 잘 어울리는 이미지로 다가가자. 늘 한결같고 언제 어디서나 똑같은 이미지는 이제 이 다양성의 시대, 감성의 시대에는 더 이상 매력이 없다. 역할에 맞는 용모와 복장으로 기분 좋은 표정과 음성을 담아 마음을 활짝 여는 인사로 시작하자. 거기에 신뢰감을 주는 말씨로 대화하고 적절한 자세와 동작의 표현으로 상황에 맞는 자신의 그림을 잘 그려가자. 그렇게 자신에게 가장 잘 어울리는 감성 이미지를 만들어가야 한다.

그래야만 편안한 소통에서 오는 즐거운 마음으로 자신은 물론 함께하는 이들이 각자의 역할을 다하여 개인 또는 조직의 목적을 효과적이며 효율적으로 달성할 수 있다. 그리고 이것은 다양한 인간관계에서 이루어지는 수많은 갈등속의 소통에서 상처 받고 아파하는 현대인들에게 꼭 필요한 치유하는 소통, 바로 '힐링(healing)소통'이기도 하다.

이제 답답하고, 딱딱하게 부딪히고, 부서지며 갈라져서 상처 나는 소통은 그만하자. 능력보다 호감으로, 이성보다 감성으로 다가가자. 함께 있는 것이 편안하고, 소통하는 것이 즐겁게 하자. 지시보다 협조를, 명령보다 권유를, 형식보다 공감을, 비난보다 이해를, 거절보다는 수용할 수 있는 따뜻하고 부드러운 소통을 만들어가 보자. 그들의 감성을 움직여서 마음을 사로잡게 될 것이다.

지금부터 숨겨져 있고 잠재되어 있는 자신의 이미지를 찾아내고 가꾸어 나가자. 그리고 이를 적극적으로 활용해보자. 다양한 상황에서 역동적인 역할을 수행하며 살아가는 현대인, 우리 인간에게는 마치 무대 위의 연극배우처럼 관객에게 감동을 주기 위해 효과적으로 쓸 수 있는 천 개의 페르소나(가면)를 가졌다고 하지 않는가? 가방 속에 담아만 두고 주저하고 있다면, 자, 용기 있게 꺼내어 써보자! 소통의 문이 활짝 열릴 것이다.

02

소통채널의 마스터키,
감성코드 DISC 활용하기

"난 도저히 이해할 수 없어!" "어떻게 그럴 수가 있지?"

우리는 가끔 상대방의 말이나 행동에 대해 이런 감정을 가지게
될 때가 있다. 자신이 의도한 바와 전혀 다른 상대방의 태도나 반
응에 어이가 없고, 말문이 막힌다. 답답하기도 하고, 울화와 분노
가 치밀어 오르기도 한다. 심하면 배신감과 불신을 낳기도 하고,
관계를 악화시켜 위기에 처하기도 한다. 이럴 땐 더 이상의 논쟁
으로 소모적인 상황을 만들지 않기 위해 아예 소통을 포기하거나

체념하기도 한다. 당장 손해를 보더라도 차라리 그게 낫다는 판단을 하지만 안타까운 일이다. 좀 더 좋은 결과를 얻을 수 있는 기회나 어렵게 얻어낸 소중한 것을 잃게 될 수도 있기 때문이다. 그렇다면 우리가 살아가면서 만나는 다양한 사람들과 좀 더 수월하게 소통하면서 지속 가능한 좋은 관계를 유지해나갈 수는 없을까?

　필자도 그런 상황을 수없이 겪었었다. 가정에서 가족들과 그리고 편안해야 할 친구 사이에서는 물론 사회 속에서 업무적으로 만나야 하는 많은 사람들과의 소통과정에서 늘 느꼈던 고민거리였다. 이해하고 인내하면서 '역지사지'의 입장이고 싶었지만, 상대방의 마음을 제대로 읽어내지 못하는 상황에서는 갈수록 어렵기만 했다. 그래서 좀 더 편안하게 소통하는 방법을 찾으려 여러 가지 방법을 적용해보았다. 그러던 중, 꽉 잠긴 자물쇠를 활짝 열 수 있는 열쇠, 그것도 어느 자물쇠에나 다 통하는 마스터키, 'DISC'를 만나게 되는 순간 환희에 차올랐다. 나 자신의 소통 스타일을 정확히 알게 되고, 상대방의 소통 스타일까지 이해하게 됨으로써 도무지 이해할 수 없을 것만 같았던 소통의 암호코드가 술술 풀려가기 시작했다.

'나는 이런 스타일이구나' 그리고 "아! 이제는 당신을 이해할 수 있어요!"라고 할 수 있는 맞춤형 의사소통기법인 DISC 소통기법을 적용해온 이후로는 사람들과의 소통이 한층 더 쉬워지고 즐거워졌다.

삐걱거리고 비껴가던 코드가 서로 잘 조화를 이루고 화음을 만들어내게 되니 사람들과 함께 소통하는 것이 아름답기까지 했으며, 공간을 떠돌던 주파수를 맞추듯이 서로의 마음이 통하는 소통채널을 연결한 것 같았다.

무엇보다도 상대방을 이해할 수 없는 데서 오는 오해와 미움이 사라지고, 있는 그대로를 인정하고 받아들이게 되니, 만나는 사람마다 소중하고 사랑스러워지기까지 했다. 그러면서 새로운 사람을 만나는 것이 두렵지 않았고 소통코드를 맞췄을 때의 기쁨은 더해갔으며, 또 소통을 거듭할수록 상대방의 소통을 돕는 자세로 대하다 보니 나 자신은 물론 상대방도 편안함을 느끼게 되어 그 만족감과 보람은 이루 말할 수 없이 더해져갔다. 머리로만, 즉 이성적으로만 대해왔던 입장에서 벗어나 가슴으로 다시 말해 감성으로 다가가는 소통도구의 힘이 가져온 결과였다.

'인간행동 유형분석'이라 불리는 'DISC 행동 유형'에 따른 의사소통기법, 이는 콜롬비아 대학의 심리학 교수인 윌리엄 박사가 개인의 일정한 행동 유형을 4가지 형태 즉, 주도형(D), 사교형(I), 안정형(S), 신중형(C)으로 처음 분류한 이후 칼스 러닝사와 존가이어 박사 연구 팀에서 '개인행동 유형 진단 프로그램'으로 개발하여 현재에 이르게 되었다. 우리나라에는 1990년대 초, 대기업 임직원들에게 먼저 전파되기 시작하였으나, 그 이후 학부모, 교사, 직장인은 물론 일반인들에게까지 널리 알려져서 다양하게 활용되고 있다. 주요 개념을 보면, 사람들은 서로 다른 환경 속에서 자신을 인식하며 살아가는 동안 각각의 특징적인 기질과 행동경향을 가지게 되며, 사람들 간의 그러한 차이는 나쁜 것도, 좋은 것도 아니고, 단지 다를 뿐이라고 한다. 그래서 다른 사람을 볼 때 옳거나 그르다는 선입관을 가져서는 안 되며, 객관적으로 보아야 한다는 것이다. 그리고 그 유형에 따라 원하는 소통방식도 다르게 나타나는데, 사람마다 자기가 좋아하는 일정한 소통 스타일을 가지게 된다는 것이다. 그러므로 자신과 같거나 혹은 다른 유형의 사람과의 관계나 소통과정에서 어떤 행동은 편안하게 느껴지고, 어떤 행동은 불편하게 느껴지는 것은 당연한 것이다.

(1) 소통채널 - 인간행동 유형분석 DISC 이해하기

이러한 인간행동 유형은 간단한 검사용지로 자가진단해볼 수도 있고, 굳이 테스트하지 않더라도 신체 외형이나 표정, 언어, 옷차림, 자세 등 다양한 개인적 성향으로 나타나므로 상대방에 대해 어느 정도 쉽게 파악이 가능하다. 또 평소의 소통방식이나 업무스타일, 그리고 갈등이나 위기상황에서의 반응 양식으로도 그 특성을 구분할 수 있는데 다음에서 간략히 소개한다.

주도형은 도전적, 진취적인 성향을 가지고 있으며, 업무와 성과를 중요시한다. 목소리와 표정, 제스처를 크고 굵게 나타나고 경청보다는 자신의 의견을 강력하게 피력하기 때문에 상대방을 압도하고 통제하기를 원한다. 빠른 의사결정과 속도를 내서 일을 처리하고, 인간관계도 업무에 필요하다면 거리낌 없이 먼저 손을 내민다. 그리고 권위에 도전받거나 반대에 부딪히면 더 완강해지고 추진력을 발휘해서라도 목적을 달성해내기도 한다. 하지만, 감정조절이 어렵고, 뒷수습이 잘 안 되며 후회를 자주하거나 주위에 적이 많아 외롭기도 하다.

사교형은 긍정적, 감성적으로 설득력을 발휘하여 주위에 영향력을 행사한다. 반짝이는 눈빛과 미소를 잃지 않으며, 미사여구를 사용하는 장문의 대화로 밝은 느낌을 준다. 화려한 옷차림으로 외모를 가꾸며, 상대방에게 먼저 다가가 인사하거나 친밀감 형성에 적극적이어서 주위에 사람이 많다. 융통성과 촉진적인 성향을 가지고 있으므로 일에 초점을 맞추기보다는 사람간의 관계를 중시하면서 업무를 추진하고, 분위기 조성에 노력한다. 하지만, 자존심에 상처를 받거나 인정받지 못할 때 쉽게 흥분하고, 침착하지 못해 중요한 실수를 저지르기도 한다.

안정형은 조용하고 안정적이며, 자신의 의견이나 목적보다는 팀 중심적인 성향을 가지고 있다. 말이 적고, 화내지 않으며, 서두르지 않고 당황하지 않는다. 언쟁이나 갈등을 일으키는 상황을 싫어한다. 앞에 나서기를 원하지 않으며, 자신의 의견이나 목적보다는 상대방의 의견에 따르고, 조직에 협력적으로 희생하기도 한다. 한 가지 일에 꾸준히 몰두하는 전문적인 일이나 시간이 오래 걸리는 업무도 끝까지 잘 해낸다. 하지만 속도가 너무 느리고, 고집이 세며, 선택의 기로에서 결정을 내리지 못하고, 핵심이 없어 상대방을 답답해하게도 만든다.

　신중형은 논리적이고 보수적이며 매우 침착하고 이성적이다. 단정하고 검소하며 깔끔한 성향을 보이고, 표정이 변하지 않으며 쉽게 흥분하지 않아 냉정해 보인다. 자료와 증거에 입각한 객관성을 추구하고, 일의 과정을 중시하며 결과에 대한 기대도 상당히 높다. 혼자서 일하기를 좋아하고, 혼자 고민하고 결정하는 것을 즐긴다. 여러 사람과 어울리기보다는 자신의 기준에 맞는 소수의 사람들만 신뢰한다. 완벽함을 추구하기 때문에 의사결정과 일의 추진 속도가 느리고, 강한 책임감을 갖는다. 까다롭고 비판적이어서 주위 사람을 힘들게도 한다.

(2) DISC 유형에 따른 소통채널에 감성코드 맞추기

따라서 이러한 DISC 유형에 따른 의사소통도 각각의 행동 유형과 소통방식에 따로 그 코드를 맞추어 가면 된다. 즉, 그들이 원하는 소통 방향, 다시 말하면 그들이 편안해하고 마음을 열게 되는 소통코드를 맞추는 것이다. 바로 가슴을 두드리는 감성 주파수로 그들의 소통 자물쇠를 여는 것이다. 그때부터 비로소 서로 간에 맞춤형 소통이 시작되고, 즐거운 의사교환이 가능해지는 것이다. 그렇다면 DISC 행동 유형에 맞는 각각의 소통 마스터키는 무엇일까?

먼저 주도형은 직접적이고 간략하게 요점과 결과에 초점을 두는 빠른 소통 스타일이 필요하다. 그가 원하는 것은 자신의 의견에 빠르게 공감해주는 반응과 업무 추진을 위한 속도 있는 의사결정이다. 그리고 만약 그가 놓치거나 실수한 것이 있다면, 조용히 챙겨주거나 한 템포 지난 뒤 의견을 제시하는 것이 효과적이다. 만약 면전에서 반대를 하거나 실수를 지적하면 역효과를 내거나 커다란 갈등과 증오를 불러오기도 하니 조심해야 한다.

사교형은 우호적이면서도 밝고 긍정적인 분위기를 먼저 조성해준다. 그의 외모나 장점을 칭찬하고 격려해서 그가 기분 좋게 만들어준다. 그리고 그가 이야기할 수 있는 시간과 기회를 많이 주고, 가능한 한 오랜 시간 맞장구 쳐주며 들어주는 태도가 필요하다. 대화 내용은 업무나 결과, 부정적인 내용보다는 사람이나 일의 과정, 긍정적인 내용이 좋다. 그렇게 인간관계를 소중히 여기며 일을 추진해나가는 소통기법이 효과적이다.

안정형은 조용하고 편안한 환경에서 협조적인 느낌을 전달하며 소통해야 한다. 다른 사람들, 특히 대중 앞에서 공개적으로 얘기하거나 갈등 속에서 빨리 결론을 내려야 하는 상황은 절대 피해야 한다. 가능하면 사적인 공간이나 일대일의 대면상황에서 대화하는 것이 좋으며, 생각할 시간을 주는 것이 좋다. 그러나 너무 오랫동안 결정을 못 내리거나 복수의 대안에서 선택을 어려워한다면 확신과 명료함을 주는 조언이나 결정적인 충고의 소통전략이 필요하다.

신중형은 준비하거나 만족할 만한 판단과 결정을 내리도록 충분한 시간을 주고 압박을 가해서는 안 된다. 또 의견을 제시하거나 설득이 필요하다면 말보다는 서류나 문서를 이용하고, 논리적, 객관적으로 정확한 데이터를 제시하는 것이 좋다. 특히 직접적인 자료나 그래프, 숫자, 통계 등은 그들의 마음을 편안하게 만든다. 거기에 장단점을 분석한 의견을 덧붙인다면 그들은 당신을 신뢰하고 끝까지 함께하고자 할 것이다.

이렇게 인간행동 유형분석을 통한 감성적 의사소통은 상대방을 이해하고 공감하게 만들어주기 때문에 개인 간에는 친밀감형성이나 유대관계를 깊게 형성해 줄 수 있고, 조직에서는 효율성 증진을 위해 원활한 소통을 하기 위한 도구로 사용된다. 더 나아가 다양한 분야의 서비스 접점 같은 대고객업무 현장에서는 조직과 기업의 생존과 성장을 위해 필수적인 고객만족전략에 매우 유용하게 사용되고 있다. 또 최근에는 교육기관에서 진로 코칭을 위한 상담이나 적성검사, 그리고 기업의 인적 자원개발을 위한 자료 등, 그 활용도가 점점 증가하고 있다.

지피지기면 백전백승! 자신을 알고, 상대방을 이해하게 되면, 답답하고 불쾌하며 어긋나는 관계로 인한 소모적이고 비생산적인 결과를 만들지 않아도 된다. 따뜻한 공감으로 유쾌하게 대화하여 효과적이고 생산적인 소통문화가 필요하다면, 이제 막힘없이 시원한 맞춤형 의사소통 방법을 적극적으로 활용해보자.

"스타일을 알면 소통이 쉬워진다!" DISC 소통전략은 상대가 누구라도 내 편으로 만들 수 있다. 이미 그들의 마음을 사로잡았기 때문이다.

03

사람의 마음을 사로잡는
마법 같은 감성화법

"세상에서 가장 어려운 일이 뭔지 아니?"

"흠, 글쎄요. 돈 버는 일?, 밥 먹는 일?" "세상에서 가장 어려운 일은 사람이 사람의 마음을 얻는 일이란다.(중략)" 생텍쥐 베리의 『어린왕자』에 나오는 말이다. 그러면서 각각의 얼굴만큼 다양한 각양각색의 마음에서 순간순간에도 수만 가지의 생각이 떠오르는데 그 바람 같은 마음을 머물게 한다는 건 정말 어렵다고 한다. 그런데 서로의 마음을 얻지 못한 채 살아간다면 얼마나 답답하고 힘이 들까? 사람과 함께 살아가면서 그들의 갈팡질팡한 마음을 붙들어 매 둘 수 있다면 얼마나 좋을까?

그렇다면 그 방법을 찾아보자.

그들의 마음을 움직일 수 있는 소통채널을 열고 주파수를 맞추는 것부터 시작해야 한다. 즉 딱딱하게 굳어서 꿈적하지 않고, 혹시나 무엇을 잃게 될까 봐, 혹은 손해를 보지는 않을까 하는 불안감에 단단히 마음의 빗장을 걸어 두었을 수도 있는 상대방의 마음을 사르르 녹여 흔들어 놓아야 한다. 그래서 자신도 모르게 스르르 그 빗장이 풀리고 말랑말랑해져 무장해제 될 때까지 지속적으로 온기를 전해야 한다. 그러면 비로소 편안한 상태로 마주할 수 있게 되고, 자연스럽게 소통할 수 있는 부드러운 감성채널이 연결되어 그들의 마음속으로 내가 들어갈 수 있다.

이렇게 만드는 데에는 여러 가지 방법이 있겠지만, 사람의 감성채널에 주파수를 맞추는 감성화법만큼 강력한 마력을 가진 도구가 또 있을까? 인간은 이성보다는 감성에 의해 움직이고 판단하는 경우가 훨씬 많기 때문이다. 또 복잡한 현대 사회 속에서 살아가다보면 시시각각 역동적으로 변화하는 다양한 상황 속에서 꼬이고 얽히는 관계가 늘어나면서 서로에게 불만이 쌓이고 갈등을 생성하기 쉬운데, 그러다보면 서로에게 원망이 생기고, 참을 수 없는 분노를 키우며, 감정의 골이 패이기도 한다. 그럴수록 이를 시원하게 해소하고 마음을 열기 위한 열쇠가 절실해진다.

그런데, 신이 아닌 이상 사람의 마음을 열고 움직이기는 쉽지 않다. 이미 오해가 깊어지고, 불신이 쌓인 관계처럼 부정적인 상황에 놓여 있다면 그 실마리를 찾기란 더욱 어렵다. 더구나 처음 만난 사람과의 관계 형성은 미지의 세계를 탐험하는 것만큼이나 조심스러운 일이며, 누군가에게 정보제공이나 설득으로 동기유발을 일으켜 행동을 촉진시키고자 하는 의도가 있는 경우일수록 더 그렇다. 침묵은 금이라고 여기며, 자신의 의사표현을 하지 않고, 심지어는 이해관계나 협상에서 더 유리한 입장에 서려고 가능하면 말을 하지 않기도 하는데, 이는 결코 바람직하지 않은 태도다.

"천 냥 빚도 말 한마디로 갚는다"는 속담처럼 한 마디의 말이 때로는 천금만금보다 더 값진 위력을 발휘할 수 있다. 그것은 상황에 따라 말하는 방법, 바로 소통의 도구인 '감성화법'이라면 얼마든지 가능해진다. 언제 어디서나 누구든 상황에 맞게 적절히 꺼내어 사용하면 사람의 마음을 사로잡을 수 있는 마력 같은 대화기법이다. 어색한 첫 만남에서부터 유쾌한 대인관계가 필요한 곳, 그리고 중요한 비즈니스 관계나 일촉즉발의 긴장된 적대관계에서조차 '화법'의 기술 하나로 자연스럽고 편안해지는 분위기를 만들 수 있는 것이다. 다음에서 그중 몇 가지를 소개하고자 한다.

(1) 공감화법

　첫째, 공감화법이다. 대화에 참여하는 화자와 청자가 함께 느끼는 아주 기본적인 대화공식이다. 언젠가 텔레비전 드라마에 나왔던 유명한 대사가 있다. 사극의 두 주인공이었던 그들은 여주인공의 가슴에 화살이 비껴간 상처를 보고도 차마 감싸거나 어루만져주지도 못하는 입장에 있었던 남주인공이지만 애틋한 눈빛으로 바라보며 낮은 목소리로 천천히 말한다. "아프냐? 나도 아프다." 이 짧고도 강한 한마디는 두 사람이 서로 아픔을 함께하고 있음을 공감하고 표현하기에 충분했었고, 드라마를 보는 이들마저도 가슴이 아파오는 것 같은 대사였다. 바로 이것이다. 상대방이 아플 때 함께 아파해주고 기쁠 때 같이 기뻐하고 있음을 표현해주는 것이다. 물론 거기에는 진심이 담겨 우러나와야 한다.

　함께 공감하기 위해서는 먼저 상대방이 말할 때 집중해서 듣는 적극적인 경청과 적절한 고개 끄덕임, 그리고 적당한 맞장구를 치는 요령이 필요하다. 마치 판소리를 하는 명창 옆에서 북을 치며 추임새를 넣는 고수처럼 말이다. 그래서 '일 고수 이 명창'이라는 말도 생겨난 것이다. 아무리 길고 힘든 이야기라도 장단을 맞춰주고 흥을 돋구어주면 힘들지 않고 지루함 없이 재미있게 완성할 수 있다는 것이다. 더구나 내 마음을 알아주는 이에게는 자신의 생각을 뭐든 다 말하게 된다. 그래서 정신과 의사는 물론이고 상담가든 세일즈맨이든 그 역할을 잘 수행하려면 시종일관 경청과 공감의 자세가 가장 중요하다고 하지 않는가?

그런데 그 큰 힘을 가지는 서로의 공감을 전달하는 한 마디의 말은 의외로 매우 쉽다. "그러셨어요?", "네, 그렇군요!", "맞습니다. 저도 그렇게 생각합니다", "잘 하셨습니다. 저라도 그랬을 것입니다"처럼 간단하게 사용하면 된다. 긴 말이 필요 없다. 아니 오히려 긴 말은 상대방이 말하는 맥을 끊어 놓을 수 도 있고, 자신의 주장이 강하게 나타날 수도 있기 때문에 삼가는 것이 좋다.

(2) 칭찬화법

둘째, 칭찬화법이다. 이는 한때 베스트셀러가 되었던 켄 블렌차드의 『칭찬은 고래도 춤추게 한다』라는 책에도 나오듯이 칭찬은 상대방을 더 긍정적으로 이끌 수 있다. 미미한 동작에서부터 진심으로 칭찬받기 시작한 돌고래가 가히 상상할 수 없는 묘기를 보여주며 감동적인 공연을 완성해내는 것은 사육사의 적극적 칭찬의 표현으로 가능했던 일이다. 사람의 경우에도 다르지 않다는 것이다. 즉, 자신을 인정해주고 믿어주는 대상에게 자신의 능력을 좀 더 보여주려고 더 노력하는 것은 인간이라면 매우 당연한 현상이다. 그래서 현재보다 점점 더 나은 결과를 만들어가기 위해 바람직한 방향을 찾아 말하고 행동하게 된다. 때로는 잘못된 것을 고치거나 바로잡는 일마저도 스스로 하게 되는 경우도 많다.

그 긍정적인 에너지를 창조해내는 위대한 한 마디 역시 전혀 어려운 말이 아니다. "참 잘했어요!", "대단하십니다.", "멋지신데요?", "정말 보기 좋습니다."와 같이 작든 크든 상대방에게서 보여지는 현상이나 업적에 대해 마음에서 우러나오는 칭찬을 해보자.

이때 머뭇거림이나 불명확한 칭찬은 차라리 하지 않는 것이 낫다. 주저함 없이 칭찬해야 한다. 거기에 그때그때 칭찬할 내용에 대해 좀 더 구체적으로 언급한다면 효과 만점이다. 이미 상대방의 표정은 밝아져 있으며 반짝이는 눈빛으로 당신을 쳐다보고 있을 것이다.

(3) 신뢰화법

셋째, 신뢰화법이다. 다른 사람에게 무엇인가를 물어볼 때나 도움을 요청할 때, 누구나 미안한 마음을 가지게 되고, 상대방이 귀찮게 여기지나 않을까 고민하게 되고, 거절당할 것 같은 두려움까지도 갖게 된다. 이럴 때 조심스럽게 다가온 상대방의 걱정 따윈 말끔히 없애주면서, 믿음을 줄 수 있는 한마디를 해줄 수 있다면 당신은 이미 상대를 절반은 얻은 것이라고 해도 과언이 아니다. 왜냐하면 사람은 마음을 편안하게 해주고 믿을 수 있는 사람에게 무엇이든 털어 놓게 된다. 더구나 불안한 상황이나 예측할 수 없는 결과에 대해 미심쩍어하는 경우라면 책임감을 가지고 든든하게 대해주는 사람에게 모든 것을 걸 수도 있다.

하지만 그 반대로 회피하는 말투로 다른 사람에게 떠넘기듯 모른 척하거나 불분명한 태도로 불확실한 표현을 한다면 어떻겠는가? 그는 선택을 후회하거나 마음의 문을 닫고 판단을 철회해버릴 수도 있다. 그런데 만약 그가 매우 중요한 사람이었거나 엄청난 고객이 될 수 있는 소지가 있었다면 어찌하겠는가? 소홀히 대했던 작은 실수 하나로 소중한 기회를 얻지 못하거나 중대한 기회를 박

탈당하기도 하는 경우가 얼마나 많은가? 하지만 짧게 건넨 말 한 마디로 우연히 지나칠 수도 있었던 사람이, 또 사건이 자신에게 커다란 행운을 가져다주기도 한다.

상대방의 마음을 붙들어 매고 내 사람으로 만들 수 있는 그 한 마디는 "네, 제가 해드리겠습니다." "네 제가 알아보겠습니다." "네, 제가 책임지고 처리하겠습니다." 불안감을 한 순간에 씻겨주는 시원스런 말이다. 이렇게 똑 부러지는 목소리로 자신감 있게 대답하는 당신에게 상대방은 미안함과 걱정했던 것에서 벗어나 이미 감사할 준비가 되어 있을 것이다.

(4) 쿠션 화법

넷째, 쿠션 화법이다. 사람 간의 관계가 형성되는 곳에서 이루어지는 대화라면 늘 수용 가능하고 해결할 수 있는 경우만 있는 것은 아니다. 다시 말해 상대방의 제안을 받아들여주기 어려울 때, 거절의 지혜가 필요할 때가 있다. 하지만 그렇다고 해서 무를 자르듯이 단호하게 "안 된다", "아니다"라고 말한다면 그 관계는 얼음장처럼 차가워질 것이며 다시 이어지거나 회복하기는 어려울 것이다. 누군가에게 부탁을 할 때에 쉽게 말하는 사람은 흔치 않다. 대부분은 여러 가지 생각과 고민 끝에 찾을 때도 많고, 오히려 이미 안 될 것을 알면서 피치 못할 사정으로 의뢰해보는 경우도 있다.

그러므로 그런 상대방에게 부정적인 답변이나 거절을 할 때는 차갑고 냉정하기 보다는 먼저 따뜻하게 온기를 전해야 한다. 그래야 마음의 상처라도 덜 입히게 된다. 일 때문에 사람마저 다 잃을 필요는 없지 않겠는가? 더구나 상대방이 나를 원망하고 증오하며 떠나게 된다면 얼마나 안타까운 일인가? 이럴 때에는 우선 부탁이나 제안을 들어주지 못하는 미안한 마음을 전하는 표현이 있어야 한다. 그 뒤에 전달할 딱딱한 내용의 부정과 거절의 충격을 완화시켜 줄 푹신하고 부드러운 쿠션이 필요하다.

또, 이와는 정반대인 경우를 생각해보자. 나와 상대방이 역지사지가 되는 상황에서는 어떻게 하면 거절하지 않고 흔쾌히 나의 부탁을 들어주게 할 것인가? 상대방의 마음을 불편하게 만들지 않고 기분 좋게 나에게 협조할 수 있도록 할 수 있다면 좋지 않을까? 그야말로 그의 마음을 움직여서 얻어내는 결과인 것이다. 그 기적 같은 화법은 바로 쿠션 화법이다.

"미안하지만", "죄송하지만", "안타깝지만", "실례지만", "어려우시겠지만", "번거로우시겠지만", "바쁘시겠지만", "불편하시겠지만", "아프시겠지만" 이런 말을 듣게 되는 순간 상대방은 이미 용서하고 이해해주고자 하는 마음의 너른 발판이 생기게 된다. 또 불편함을 참아낼 용기와 어려움을 감수하고 협조해줄 수 있는 동력이 만들어지게 되므로 당신은 훨씬 수월하게 관계를 이어가며 일을 처리할 수 있을 것이다.

(5) 레이어드 화법

다섯째, 레이어드 화법이다. 레이어드란 패션에서 여러 겹을 층층이 겹쳐 입는다는 것처럼 대화에 있어서도 단순하게 한 번에 흘러내리기보다는 파도를 일으키듯 층을 만들어 말하는 방법이다. 이 화법은 상대방에게 무엇인가를 요구할 때, 행동으로 옮겨주기를 바랄 때 사용할 수 있으며 특히 양해를 구해야 할 경우나 어려운 상황일수록 더 큰 효과를 발휘할 수 있다. 즉 말의 중심이 화자 쪽에 힘이 실려서 반발심이 들거나 거부감을 일으키는 명령어나 지시어를 사용하는 대신, 그 중심을 청자 쪽으로 향하게 하는 배려의 의미로 받아들여지게 되는 의뢰 형이나 질문 형으로 바꿔 말하는 것이다. 그렇게 되면 듣는 사람에게 내용은 같지만 의미는 상당히 다르게 전해지게 된다. 아랫사람으로 무시당하기보다 존중받는 느낌을 주게 된다.

그런 레이어드 화법의 예는 "기다리세요!" 대신 "기다려주시겠어요?", "말씀하세요." 대신 "말씀해 주시겠습니까?", "가져와"보다는 "가지고 와줄래?"처럼 권유하고 청유하는 화법이다. 당신의 이런 화법에 상대방은 마지못해 수동적으로 움직이기보다는 적극적이고 능동적인 태도의 변화를 가져오게 될 것이다.

여기에 앞에서 말한 쿠션 화법과 레이어드 화법을 함께 써보자. 더 아름다운 말이 된다. 예를 들어 단순히 "2층으로 가세요."보다는 "죄송하지만, 2층으로 올라가 주시겠어요?"라든지, "신분증 주세요."보다는 "실례지만, 신분증 좀 보여주시겠어요?"는 듣기만 해도 기분이 좋아진다. 이렇게 기분 좋은 상태라면 흔쾌히 그렇게 해주지 않겠는가?

(6) 아론슨 화법

여섯째, 아론슨 화법이다. 심리학자 아론슨이 주장한 대화법으로 부정과 긍정의 내용을 혼합해야 하는 경우에 선 부정, 후 긍정으로 말하라고 한다. 항상 긍정적인 상황만 있는 것도 아니고, 반대로 늘 부정적인 경우만 존재하지도 않는다. 어떤 때는 두 가지 요소가 함께 나타나서 난감한 상황이 될 때가 있다. 더구나 부정적인 요소를 배제하고 긍정적인 요소를 강조해야 하는 경우일 때는 어떻게 말하는 것이 효과적일까? 이럴 때 자칫 잘못해 오히려 상대방의 입장을 고려하지 않고 자신의 주장만 내세운다면 단점은 더욱 부각되고 장점마저 축소되기 일쑤다. 원치 않는 다툼이나 분쟁이 발생해서 큰 손실로 이어지기도 한다. 그럴 땐 자존심을 버리고, 인정할 것은 빨리 인정하고, 그 다음에 주요 내용을 전달해보자. 그러면 상대방도 저항감 없이 신뢰감을 갖고 함께 공감하기에 이른다.

예를 들면 성능이 우수하지만 가격이 비싼 경우에는, "효과가 좋으니 당연히 가격이 비싸지요"보다는 "네, 가격은 좀 비싼 편이지만, 성능이 아주 우수합니다." 하고 말해보자. 또 공급량보다 수요량이 많아 대기시간이 오래 걸리는 경우가 문제가 된다면 "보통 그 정도는 기다리셔야 합니다."보다는 "대기시간이 좀 많이 걸립니다만, 순서가 되면 보다 안전하고 편안하게 제공해드리겠습니다." 라고 정보를 제공하고 양해를 구해보자. 불만스럽게 껄끄러운 관계가 되거나 불평을 하며 떠나버리는 경우보다는 수긍하고 동의해줄 것이다.

아론슨 화법에도 공감화법을 함께 사용한다면 더 좋은 대화가 이루어질 수 있다. "그게 아닙니다. 그 정도 시간은 당연히 걸립니다."보다는 "네, 그렇습니다. 말씀하신 대로 시간이 걸리기는 합니다만, 정확하고 안전하게 수리하겠습니다."라는 화법은 서로를 미소 짓게 한다.

'표현하지 않으면 아무도 모른다.' 그리고 그 표현은 상대방의 관심사와 상황에 집중하고 필요로 하는 것에 적극적으로 부응해야 한다.
사람의 마음을 움직이는 마법 같은 감성화법을 사용해보자!

04

살아 움직이는 SNS 감성소통

"선배님, 오랜만입니다. 파도 타고 들어왔어요. 안녕하셨어요?"
"요즘 어떻게 지내시나 궁금했었는데 소식 알게 되어 반갑습니다."
"친구 신청합니다. 지인의 스토리를 보다가 알게 됐습니다." "좋은
일 하시는군요! 기회가 되면 저도 참여하고 싶습니다."

이는 필자의 소셜 네트워크 서비스, SNS(Social Network Service)
에 올라왔던 댓글들이다. 이렇게 SNS를 통해서 수십 년 만에 후
배를 찾고, 지인들과 서로 근황을 전하고, 때로 낯선 사람과 지인
이 되기도 하며, 콘텐츠를 공유하면서 함께 일을 도모하기도 한

다. 어디 이뿐이겠는가?

바야흐로 소통의 물결시대라고 하는 요즈음, SNS는 때마침 그 봇물을 틔워 홍수를 이룬 격이다. 어떤 대상을 백만 명이 사용하면 패션이 되고, 오백만 명 이상이 사용하면 트렌드이며, 천만 명 이상이 사용하면 문화가 된다고 한다. 그렇다면 SNS는 이미 그 서비스마다 각각 독특한 구조와 다양한 형태로 관계망을 형성했고, 국내는 물론 전 세계적으로 이미 보급률이 기하급수적으로 늘어난 스마트폰 기기를 타고 사용자들에게 새로운 소통문화로써 열광케 하고 있다.

SNS는 소통의 방식과 도구에서 전통적인 그것들과는 다르게 획기적인 패러다임의 변화로 폭발적인 파급력을 가지고 있다. 즉, 전통적인 미디어 방식과는 다르게 웹 사이트라는 가상의 온라인 공간에서 공개적, 또는 비공개적으로 자신의 신상정보를 드러내고, 사적인 의견이나 정보를 개시할 수 있다. 또 기존의 인간관계를 더 강화시키거나 불특정 다수와의 관계망 구축으로 새로운 인맥을 형성, 서로 다양한 교류를 하면서 이를 오프라인과 접목시켜 나가기도 한다.

그뿐 아니라 여느 조직이나 기업에서는 새로운 커뮤니케이션 통로로써 이미 블루오션을 넘어 반드시 갖추어야 할 필수적인 마케팅 커뮤니케이션 채널이 되었다. 또 어떤 조직의 결속이나 정치적 권력과 함께 영향력을 행사하기도 하기에 SNS가 가진 파괴력은 가히 측정할 수 없을 만큼 커져 있다. 그러므로 이제 그 위력을 애써 외면하거나 무시하면서 가만히 있을 수만은 없는 시대가 왔다. 오히려 적극적으로 소통하면서 활용해나가는 것이 옳을 것이다. 말했듯이 이미 SNS는 현대를 살아가는 우리에게 소통의 필수적인 문명이요 문화이기 때문이다.

더구나 현재의 SNS는 초기의 온라인 커뮤니티가 가졌던 한계를 뛰어넘었다. 즉 실내나 사무환경에서 컴퓨터를 통해 복잡한 절차를 밟아 들어가야 하고, 장문의 글을 게시해 놓더라도 다른 사람이 그 홈피를 방문해야만 교류가 가능했던 장애를 극복한 것이다. 손안에 들어 있어 언제 어디서든 휴대가 간편한 모바일 전화와 결합된 후 움직이는 현장에서도 쉽게 접속이 가능해졌다. 또 주로 단문 형태로 게시된 실시간의 소식들을 게시자의 홈피에 들어가지 않아도 내 홈피에서도 볼 수 있다는 편리함, 거기에 단순한 글만 올리기보다는 사진이나 음악, 영상 등의 멀티미디어 기능까지 활용하기 때문에 더 생생히 살아 있는 소통의 장이 되었다. 그리고 이제 SNS는 컴퓨터시스템과도 결합함으로서 더 폭넓고 탄탄한 기반위에서 이용자들에게 한층 더 편리하고 우수한 성능까지 제공하고 있다.

즉, 커뮤니티 안에서 함께 만나는 이용자들의 오감을 자극해서 움직이게 하는 힘이 점점 더 강하고 다양하게 작용하고 있는 것이다. 그러면서 좀 더 입체감을 주고 감성에 호소하며 자연스럽게 스며드는 소통이 가능할 수 있도록 점점 더 진화하고 있다.

또 이 SNS 소통은 다양한 지식의 획득창구로써 작용할 뿐만 아니라, 사교나 취미, 여가활동의 효율적 네트워크를 형성하고, 새로운 소비문화를 창출해내고 있기도 하다. 예약, 신청 등의 편리성 제공은 물론 기업홍보 및 마케팅 도구로의 활용 등 다양성과 신속성, 양방향성의 긍정적인 효과를 가져다주기도 한다. 더 나아가 선거 전략이나 정책홍보 등 정치적인 분야에서도 SNS는 그 흐름과 판도를 결정지을 만큼 중요해졌다.

하지만 이러한 긍정적인 면에 못지않게 부정적인 이슈도 많다. 원치 않는 프라이버시 침해와 집요하리만큼 신랄한 신상공격으로 인한 심리적 트라우마, 또 게시물의 조작과 남용으로 인한 지적 재산권 문제, 그리고 과도한 정보와 지나친 교류로 인한 피로도 누적 등이 그 예다. 이러한 문제점들은 사회 안전망을 지키는 가이드라인을 정하고 이용자들의 보호법을 만드는 것에서부터 웹사이트 운영자의 기술적 기반시스템이 잘 갖추어져야 하겠다. 그리고 무엇보다도 사용자들의 양심과 도덕, 즉 윤리적인 태도가 중요하다. 직접 대면하지 않는 데서 오는 자유로움과 본인의 얼굴을 드러내지 않아도 되는 익명의 현장을 악의적으로 이용하려 한다면 이 새로운 소통플랫폼은 어느덧 오물과 쓰레기가 난무하고 발디딜 틈 없이 위험한 공간으로 황폐화될 테고 결국 아무도 찾지 않는 황량한 장소로 버려지게 될 것이다.

그렇다면, 이렇게 누구나 쉽게 이용가능하고 실시간 교류로서 빠른 전파력을 가지고 다양하게 소통하는 SNS의 관계망을 좀 더 신뢰와 공감을 불러일으키고, 효과적인 소통의 장으로 발전시켜 나가야 하지 않을까?

그래서 생명력을 가지고 숨쉬는 SNS소통을 위해 다음 네 가지 전략을 제안해본다.

첫째는 사람의 감성을 자극해서 움직일 수 있도록 살아 있는 느낌을 전달하자.

아주 사소한 것으로 시작해서 편안하게 벽을 허물고, 모든 감각적 요소를 활용하여 생생히 표현하자. 직접 보고 있는 것처럼 움직이는 시각적 표현, 들리는 것 같은 청각적 요소뿐만 아니라 맛을 보고 냄새를 맡고 촉감으로 느껴지는 감각을 그대로 전달해서 공감케 해보자. 현지에서 일어나고 있는 일들, 자신이 겪고 있는 상황들을 그대로 현장감 있게 표현하자. 그곳에 있는 지형지물을 십분 활용해서 화면 속에서 튀어 나올 것 같도록 평면이지만 입체처럼 표현해야 효과가 크다.

둘째는 다 똑같은 이야기나 콘텐츠보다 비슷한 상황이라도 독창적인 차별화로 주목을 끌고 난 후에, 그것을 찾은 이용자에게 도움을 주도록 하자.

방대한 정보와 수많은 관계 속에서 그저 그런 상태로 묻혀 어디

론가 흘러가버리지 않도록 해야 한다. 그래서 개인이든 조직이든 자신만의 스토리텔링을 만들고, 누구든 그 콘텐츠를 접하도록 관심과 흥미를 유발할 수 있게 하고, 무엇인가 얻어갈 수 있는 매력적인 소통플랫폼을 만들어야 한다. 그것이 정신적 행복감이어도 좋고, 경제적 이익이나 사회적 관계 등 그 무엇이라도 좋다. 게시물을 보면서 괜히 시간 낭비했다는 생각이 들게 하거나, 인기 있는 콘텐츠라고 무조건 퍼 나르다가는 그저 스팸으로 여겨지기 십상이다. 그것이 짧은 몇 마디의 단어나 문장, 단 한 장의 사진일지라도 무엇인가 말하고 싶고 전달하고자 하는 메시지를 진심으로 담아 전해야 한다. 그리고 그것이 상대방에게 공감대를 형성할 수 있으면 더욱 좋다.

셋째는 투명하고 개방적인 태도로 일관성 있게 소통하자.

이용자에 대해 뭔가 불투명하고 의심을 갖게 하거나 그런 류의 게시물을 올리게 되면 아예 관심을 받지 못하거나 혹은 일시적인 가십거리는 될 수 있을지도 모른다. 그러나 결국 쉽게 잊혀 지거나 오히려 오해의 소지를 낳게 되어 결국 불신과 혼란을 조장하는 나쁜 소통을 가져오고 말 것이다. 그러므로 가능하면 명확하고 수

용적인 태도로 자신의 오프라인 소재나 실제 상황을 가상의 세계인 SNS와 연계해서 큐레이팅 하는 것이 바람직하다. 그렇게 할 때 현실세계를 살아가는 이용자들에게 SNS는 촉진적이고 보완적인 소통수단으로써의 역할과 신속하고 다양한 채널의 효과까지 더해서 매우 유용한 기능으로 작용하게 될 것이다. 그리고 그것이 누적화, 광역화되면서 개인이든 조직이든 지속적인 홍보효과가 나타나 인지도 향상에 좋은 도구가 된다.

넷째, 관계망 속에서 나타나는 숫자에 집착하지 말고, 부당한 공격에도 심리적 건강을 지킬 수 있는 SNS상의 소통면역력을 키워보자.

오프라인에서의 인간관계에서도 무시될 수 없는 것이 서로 관계를 형성하고 교류하는 정도는 그 양과 질에서 모두 중요시된다. 물론 성향이 외향적이거나 내성적인 경우가 다르고, 가족관계나 사회활동의 정도에 따라 많은 차이가 있겠지만, 여전히 누군가와 관계를 맺고 유지하고 발전시켜 나가는 것은 사람들이 모여 살아가는 사회에서는 상당한 비중을 차지하게 된다. 그런데 SNS상에서는 오프라인의 그것과는 또 다른 의미로 작용할 수도 있다. 즉,

오프라인에서는 겉으로 드러나지 않던 인간관계가 온라인에서는 낱낱이 드러나고 그 결과가 숫자로 표시되고 있어서 마치 공개된 성적표와도 같은 느낌을 주게 되니 얼마나 불편하겠는가? 하지만, 그것 또한 큰 오류인 것을 인정해야 한다. 찾아준 방문자나 표시된 숫자만이 다는 아니라는 것을 모두가 잘 알고 있다. 그러므로 타인의 SNS와 비교해 친구 숫자나 방문자 수에 연연해할 필요는 없다. 거기다가 때때로 원치 않은 댓글 내용이나 필요 이상의 관계 형성에 대한 부담이 커질수록 SNS는 병들어간다. 온라인 소통, 그 자체에 즐거움을 부여하고, 객관적으로 바라보는 의연한 자세가 필요하다. 그렇게 길러진 SNS면역력은 건강한 소통을 이어가게 할 것이다.

이제 SNS는 많은 이용자들이 활발하게 드나들며 오르내리는 새로운 소통플랫폼, 소셜허브로 거듭나고 있다. 그러므로 필요한 곳을 찾아 지혜롭고 현명하게 잘 이용한다면 잘못된 정보나 오해들을 불식시키고, 친밀함으로 다가가 이미지 개선은 물론 자신만의 브랜드를 구축할 수도 있다. 더 나아가 활발한 쌍방향 소통을 지지하고 옹호한다면 개인 또는 조직, 기업의 지속 가능한 성장발전에 더욱 유용한 수단으로써 필수적이고 효율적인 마케팅 활동이 가능해진다. 그래서 다양한 현장에서 살아 움직이는 SNS를 통해 서로의 공감을 불러일으키기 위해서는 더욱더 사람의 마음을 움직이는 감성에 호소하는 소통 노력이 절실해진다.

05

잠재된 감성지능,
찾아내고 높여가기

'나도 사람들과 편안하게 말하고 싶다',

'다른 사람들의 마음을 읽을 수 있다면 얼마나 좋을까?',

'나도 말 잘 통하는 사람들과 즐겁게 일하고 싶다' 라는 생각은 현대를 살아가는 사람이라면 누구나 하게 될 것이다.

특히 여러 사람들과 함께 지내야 하는 조직생활을 하는 경우라면 더욱 절실한 마음일 것이다. 대인관계에서 어려움을 느끼거나 직장생활에서 심각하게 이직까지 고려하는 사람들 가운데에서는 대부분이 서로의 생각을 이해하지 못하는 데에서 오는 의사소통의 장애로 인한 장벽이 높아져 있는 경우가 많다.

취업포털 잡코리아가 직장인을 대상으로 '자신의 생각을 말하지 않는 이유'에 대해 조사한 결과가 흥미롭다. 27.8%와 24.6%가 각각 '나와 생각이 다를까 봐', '회사에서 불이익을 당할까 봐'라는 이유 때문에 회사에서 입을 닫는다고 한다. 가히 고개가 끄덕여지는 공감 가는 결과이다. 이런 경우는 대개 조직 구성원들 간의 관계 형성이 수직적인 위계질서가 강하기 때문에 수평적인 소통이 불가능한 상태가 많다. 또 조직은 권위적이고 강압적인 리더에 의해 주로 하향식 커뮤니케이션 통로가 발달되었기에 상향식 커뮤니케이션은 상당히 왜곡되거나 거의 차단되어 있기도 하다. 결국 구성원 간의 의견 표출은 물론이고, 일상생활에서조차 필수적인 업무 이상의 대화는 찾아보기 힘들어져 서로 자연스럽게 마주보고 웃으며 인사한다거나 대화를 나누는 예를 찾아보기도 쉽지 않다. 당연히 서로의 속마음을 감춘 채 형식적으로 대화하고 서로의 감정을 상하게 할까 봐 두려워서 꼭 필요한 말마저도 하지 않거나, 조심스럽기 그지없다. 그저 영혼 없이 의례적인 '예스 맨'이 되거나 비겁하게도 본심과 달리 보스의 비위를 맞추기에 급급해지기도 한다. 문제는 이렇게 상호 간에 건강한 소통이 이루어지지 못한다면, 서로 오해와 갈등을 유발시켜 개개인은 물론이고 조직 전체에도 소모적 에너지로 작용하게 되는 것이다. 안타까운 일이다.

하지만 더욱 심각한 것은 이런 상황에서도 자신의 소통 문제점을 발견하지 못하고 주도적 통보일색인 소통방식을 사용하면서도 모두 자신의 말을 잘 들어주고 잘 통하고 있다고 여기는 사람이 있다. 그리고 만약 그가 어떤 조직의 리더라면 문제의식을 갖지 못한 채로, 조직 구성원들의 단합이 잘 된다고 믿는 잘못된 견해를 갖기도 하는데, 이는 조직이 서서히 병들어가게 되는 아주 위험한 판단이다. 그런가 하면 개인이나 조직의 리더가 본인도 불편하고 힘든 그러한 소통방식에 문제점을 인식하여 원활한 소통 분위기를 조성하고, 의사소통방식을 개선하고 싶어도 그 방법을 몰라서 고민하는 예도 많다.

그렇다면 자신은 물론 상대방도 함께 편안하고 즐겁게 자유로운 의사소통을 할 수 있는 방법을 찾아야 하지 않겠는가?

만약 당신이 어느 조직을 이끄는 리더의 위치에 있거나 그럴 계획이 있다면 더욱더 적극적으로 의사소통능력을 키우고 실천해 나가야한다. 그리고 그렇게 사람의 마음을 움직이려면 먼저 감성지능(EQ)을 높여야 한다.

감성지능은 인간의 양면성, 즉 이성과 감성 중에서 감성에 초점을 맞춘 것이다.

인간은 사고력과 분석력을 가진 이성적인 동물이지만 그와 더불어 감각적으로 느끼고 인지하는 감성적인 면을 가지고 있으며, 이성뿐만 아니라 감성에도 지능이 있다는 것이다. 이 감성지능(EQ)은 심리학자 다니엘 골먼의 다중지능 개념에도 밝혀져 있는데, 그는 지능지수(IQ), 사회지수(SQ) 등과 함께 다양한 인간관계 속에서 역동적인 역할수행으로 살아가는 현대인들이 갖춰야 할 필수적인 요소라고 주장했다. 그러면 그의 이론에서 밝힌 감성지능의 개념을 좀 더 살펴보자.

감성지능의 구성요소는 다섯 가지로써 그 요소들은 '자기인식', '자기조절', '동기화', '공감적 이해력', 그리고 '대인관계 능력'이다. 앞의 세 가지 요소는 개인의 인격, 즉 자아와 관련된 것이고, 네 번째 요소인 공감적 이해력은 타인과 관련된 요소이며, 끝으로 대인관계 능력은 사회적 관계요소로 정의된다.

그러면 이 감성지능의 구성요소를 소통상황과 더불어 좀 더 알아보고자 한다.

첫째, '자기인식'은 자신이 현재 가지고 있는 감정 상태를 스스로 인식하는 '감성지각 능력'이다.

자신의 감정이 어떤 상태인지 정확하게 인식하는 것이다. 예를 들어 기분이 좋은지, 나쁜지, 행복한지 화가 나려고 하는지를 안다는 것이다. 많은 사람들이 자신의 감정 상태를 잘 파악하지 못하고 있기 쉬우며, 더구나 참을 수 분노를 느끼거나 폭발할 것 같은 감정 상태에 이르러서야 알아차리지만 그때는 이미 감정의 브레이크 시스템을 제어할 수 있는 때를 넘어선 상태로 되돌릴 수 없는 감정의 표출이 이루어지게 되고 만다. 그러므로 그 전구증상을 미리 파악하는 것이 중요하다. '아, 내가 지금 기분이 나빠지고 있구나. 조금 더 진행되면 회기 날 것이고, 그러면 나는 인내하지 못하는 단계에 이를 수도 있다'라고 인지하는 것이 감성지능의 첫 단계다. 자신의 감정에 빨간 신호등이 들어오기 전 황색등부터 감지해내는 것이다. 그래야만 그 다음 단계에 대비가 가능해진다.

둘째, '자기조절'은 첫 단계에서 인지된 자신의 기분과 감정을 잘 조절하는 '감성관리 능력'이다.

황색 신호등에서 멈춰야 위험하지 않다. 무시하고 그대로 달리다가는 교차로에서 반대편에서 질주해오는 차량과 추돌사고가 날 가능성이 높다. 그러므로 교차로에 진입하기 전에 정지선 앞에서 브레이크를 밟아야 한다. 즉, 상대방이 달릴 수 있도록 길을 내어주고 자신은 안전한 범위 내에 머물러야 한다. 자신의 감정이 상대방의 질주하는 감정선에 부딪히지 않도록 보호해야 한다. 대화에 참여하면서도 자신의 내면, 즉 감정을 어루만지고 다스려야 한다. 풍선처럼 부풀어 오르지 않도록 서서히 공기를 빼주고, 부글부글 끓어오르지 못하게 불을 낮추고 김을 빼줘야 한다. 압력을 못 이겨 터지거나 저절로 뚜껑이 열리면 곤란하다. 돌이킬 수 없는 상처와 후회를 가져올 것이다. 상대방이 알아차리지 않는 가운데 자신의 내면 혹은 외부 어딘가와 잠시 조용히 에너지를 주고받는 것도 좋은 방법이다. 참고로 필자는 이럴 때 배꼽에 힘을 주거나, 엄지발가락에 살짝 힘을 주거나 내가 좋아하는 어떤 대상을 잠시 떠올리는 방법으로 나 자신에게 신호를 보낸다. 결과는 매우 효과적이다.

셋째, '동기화'는 자신의 어려운 상황에도 낙담하지 않고, 몰입하는 '감성 동기화 능력'이다.

상대방에게 길을 터 주었으면 편안하게 지나가도록 지켜봐주고, 내가 지나갈 차례를 침착하게 기다려주어야 한다. 그리고 언제 어떻게, 안전하고 매끄러운 출발을 할 것인가를 대비해야 한다. 이때 현재 상황에서 과연 자신이 잘 대처하고, 상대방과 원활한 소통관계를 유지해나갈 수 있을 것인가에 대해 불안해 할 필요는 없다. 혹시 그러한 상황에서 실패한 경험이 있더라도 그것을 기억하려고 애쓰지 말아야 한다. 현재의 상황은 과거의 그것과는 다르므로 잘 해낼 수 있다는 자신감을 가질 필요가 있다. 외부의 영향에 흔들리지 말고, 조금 더 자신에게 집중하며 '난 잘할 수 있다'는 자기 효능감이 필요하다. 그러면 소통 중에 상대방이 좀 더 안 좋은 태도를 보이거나 부정적인 자극을 가해오더라도 자신의 내면 상태, 즉 감성의 바다는 동요하지 않고 잔잔한 평화로움을 유지할 수 있다. 자신의 소통 능력을 믿고, 다음 단계로 나아가야 한다.

넷째, '공감적 이해력'은 감정이입으로 타인의 느낌을 이해하는 '공감적 이해 능력'이다.

의사소통은 일방통행이 아닌 쌍방향의 원활한 소통이어야 하므로 자신의 감정에만 충실해서는 실패하게 된다. 자신의 감정 상태를 인식하고 조절하고 동기화하는 것도 중요하지만, 상대방의 감정 상태를 읽어내고 공감하는 능력도 함께 작용해야 한다. 현재 상대방이 어떤 감정 상태를 숨기고 있고 또 나타내는지를 파악하는 것은 상대가 보내는 암호를 해독하는 것과도 같다. 그것은 상대방의 표정이나 눈빛, 말투, 목소리, 자세, 제스처 등등 매우 다양한 채널을 통해 표현되므로 그에게 집중하고 경청하지 않으면 불가능한 일이다. 그래서 섣불리 결론을 내리거나 단정 지을 일도 아니다. 자칫 암호 해독이 잘못 이루어졌다가는 예상치 못한 상황으로 전개되거나 원치 않는 결과의 도출 등 큰 사고가 발생할 수도 있다. 그러므로 단지 그가 말하는 몇 개의 문장, 몇 마디의 단어에 포함된 내용으로 판단하기보다는 온몸으로 말하고 있는 감성적인 표현들을 잘 살펴보면서 공감적인 이해력을 갖도록 노력해야 한다. 그는 매우 다양한 방법으로 자신의 속마음과 뜻을 전달하고 있을 것이다. 때로는 마치 암호처럼 말이다.

다섯째, '대인관계 능력'은 다른 사람들과 서로 조화롭게 협력하는 '사회적 감성표현 능력'이다.

말하자면 암호를 해독해낸 결과를 가지고 소통할 수 있는 주파수를 찾아내는 것이다. 그리고 잡음 없는 깨끗한 주파수로 연결된 소통채널을 통해 서로의 의견을 교환하는 랠리를 즐기는 것이다. 소통의 완성단계이다. 마치 잘 어울리는 화음이나 함께 연주하는 악기처럼 아름다운 소통을 만들어내는 것이다. 잘 다스려진 자신의 감성을 최대한 잘 표현하고, 그것이 상대방의 감성까지도 깨워주고 북돋아주어 서로 편안하고 따뜻한 관계 속에서 시원한 소통을 이어가는 것이다. 이렇게 사회적 감성표현 능력을 갖고 대인관계 능력을 향상시켜 나간다면 일촉즉발의 긴장감과 답답함에 숨이 막히거나, 마음의 문을 닫은 채로 억지 소통을 강행하는 소모적 상황은 벌어지지 않을 것이다. 자신은 물론 상대방을 존중하며 배려하는 즐거운 소통의 장이 될 것이다 그러면 어떤 방법으로 잠재된 감성지능을 끌어올리고 키워갈 수 있을까? 여러 가지 방법이 있겠지만, 필자는 '사랑', '문화예술', '독서', 그리고 '여행', 이 네 가지를 실행해보기를 권장한다.

진실한 사랑이야말로 인간의 감성을 깨우고 키우는 열쇠다. 또 근본적으로 사랑하는 마음이 많을수록 자신과 타인 모두에게 관대해지고 용서가 가능해진다.

그리고 다양한 문화예술을 접하고 즐기다보면 잠자는 오감을 깨우고 발달시킬 수 있다. 음악이든 미술이든 연극이든 영화든 스포츠든 무엇이든지 좋다. 즐겁게 몰입할 수 있는 기회가 주어진다면 되는 대로 자주 경험하는 것이 좋다.

독서는 인지와 지각 능력을 향상시킨다. 글을 읽으면서 생각의 폭을 깊고 넓게 할 수 있으므로 독서는 감성발달에 꼭 필요한 과정이라고 할 수 있다.

또 여행을 통해 자연과 교감하고 사색하며, 때때로 여러 사람들과 소통하는 것은 감성지수의 함양에 큰 에너지며 자양분이 된다. 자연이 주는 표현을 감상하고, 사유하는 과정에서 열리지 않았던 감성의 문이 의외로 쉽게 열릴 것이다. 또한 여행 중에 사람들과 함께 나누고 즐거운 시간을 만들어가다 보면 자연스럽게 감성이 발달하게 될 것이다. 늘 익숙한 사람과의 여행에서는 새로운 면을 발견하게 될 것이고, 낯선 사람들과의 여행에서는 그 자체가 감성 지능 훈련코스다.

이를 꾸준히 실천해보자. 높아진 감성지능으로 당신의 감성역량이 훌쩍 커지게 되어 자신은 물론 어느덧 언제 어디서나 함께 있는 사람들과 편안하고 즐거운 소통을 하고 있는 자신을 발견하게 될 것이다. 소통은 새로운 행복을 가져다준다.

2

리더, 성공하려면
감성으로 소통하라

01

이 시대는 왜 감성리더를 원하는가?

"부하직원의 근무 의욕을 떨어뜨리는 상사가 있다."

지난해 취업포털 인크루트에서 직장인을 대상으로 설문조사 후 발표한 결과에 따르면, 응답자의 91.8%가 '상사 때문에 근무 의욕이 떨어진다'고 했는가 하면, 36.7%는 '하루에 한 번도 웃지 않는다'고 했다. 그런데 이 발표 자료는 놀라우면서도, 전혀 예상 밖이라는 생각은 들지 않는다. 씁쓸한 결과지만, 고개를 끄덕이게 될 것이다. 그러면 현재 우리 자신의 모습과 비교해보자. 과연 나의 경우는 어떠한가? 비단 직장에서 뿐만 아니라, 나 아닌 다른 사람과 함께하는 공간, 즉 가정이나 여러 형태의 조직에서의 나의 상황은 어떠한가?

한편, 직원들의 근로 의욕을 떨어뜨리는 남자 상사의 유형으로는 상사 자신의 현재 기분에 따라 팀 내 분위기를 좌지우지하는 '무한 이기주의형'이 29.2%로 1위를 차지했고, 다른 사람의 말은 듣지 않고 모든 의사결정을 혼자 하는 '독불장군형'이 22.7%, 그리고 사사건건 감시하고 작은 실수도 인정하지 않아 피로도를 높이는 '완벽주의형'이 18.8%였다. 한편, 여자 상사의 경우는 좀 다른데 여성 특유의 세세하고 꼼꼼한 '완벽주의형'이 40.4%로 가장 많은 응답이었고, 그 외에 여성 인력 풀이 부족해 일찍 승진했지만 통솔력이 없는 '리더십 부족형'이 21.9%로 두 번째로 높은 응답결과였다.

앞의 두 조사결과를 같이 고려해볼 때 중요한 것은 리더의 성향이 조직원들의 근무 의욕과 업무역량에 상당한 영향을 준다는 것이다.

그러므로 리더는 자신이 조직에 미치는 영향력이 긍정적인지, 부정적인지를 잘 알아야 한다. 다시 말해 리더는 그 조직을 생산적으로 이끌어갈 수도 있고, 소모적으로 만들어갈 수도 있으므로 자신에게서 뿜어져 나오는 에너지의 방향을 어느 쪽으로 끌고 갈 것인지 파악하는 것이 우선이다. 그리고 조직의 목표 달성은 물론 조직원과 함께 성장해나가기를 원한다면 리더의 가치관과 태도, 그리고 행동이 매우 중요하다. 때문에 리더는 어떻게 하면 좋은 영향력을 줄 수 있는지에 관련한 방법을 찾아 실천해나가야 한다. 그래서 이 시대에 필요하고, 원하는 리더는 어떠해야 하는지를 좀 생각해보자.

현대는 과학과 기술의 발달이 가히 우리의 상상을 초월하고 있다. 영화에서 보았던 공상과학 스토리가 현실로 나타나고, 인간을 둘러싼 기기와 문명은 그 편리성과 안락함을 넘어 오히려 위협과 불안감까지도 함께 만들어내고 있다. 이렇게 정보와 기계로 가득한 사회 속에서는 인간마저도 마치 그 속에서 움직이는 하나의 부속품처럼 여겨지고, 그 한계로 인한 부작용이 낱낱이 드러나고 있어 이제 그 냉철한 이성이 이루어낸 극치를 보여주고 있다. 다시 말해 차갑고 딱딱한 질감이 느껴지는 사회적 분위기가 지속되다 보니 따뜻하고 부드러운 인간의 본성을 잃어가 더욱더 그 본질을 그리워하고 찾게 되었다.

이러한 반성과 성찰은 어느 한 부분에서만이 아니라 이 시대를 살아가는 사람들, 그 사람들이 모인 다양한 조직들에서 시대성향의 흐름으로 급부상하고 있다. 그 대표적인 현상이 바로 최근 들어 교육, 기업 등 우리 사회 곳곳에서 우선시하며 외치고 있는 인간의 삶에 대한 본질을 찾자는 트렌드, 바로 인문학이다. 이는 바로 이 시대가 감성의 시대임을 표상하는 것이다. 기계적인 이성보다는 인간적인 감성에 주목하고 있다는 것이다.

그러므로 이 감성의 시대를 살아가는 사람이라면, 특히 어느 크든 작든 어느 조직을 이끌어가는 리더라면 그 자신부터 감성을 찾고 키우고, 감성을 자극하고 감성에 호소하는 감성리더가 되어야 한다. 그래야만 그들의 마음을 움직여서 사로잡을 수 있으며, 같은 방향으로 함께 걸어갈 수 있기 때문이다.

더구나 갈수록 경쟁사회는 계속되고, 새로운 것을 찾아 나서는 창의성과 개개인의 잠재력을 끌어올려야 하는 열정이 강조되는 곳이 바로 직장이다. 그래서 직원들에게 즐거운 근무환경을 만들어주고, 동기부여를 통한 셀프리더십으로 일할 수 있도록 해야 한다는 것을 모르는 이는 없다. 그럼에도 불구하고, 여전히 대부분의 조직들은 효과적이지 못한 조직 분위기와 리더십으로 구성원들의 사기를 저하시킴으로써 자아존중감의 상실이나 자기효능감의 저하를 가져와 전체적인 조직역량의 감소로 이어지는 큰 손실을 범하고 있다. 때문에 조직 구성원이 긍정적인 사고로 생산적이고 창의적인 역량을 발휘할 수 있는 조직을 만들어가는 것이 우선이다. 이런 조직이라면 리더와 구성원 모두가 서로 행복감을 느끼며 발전할 수 있는 기반이 되는데, 이렇게 행복한 조직을 만들기 위해 필요한 요건은 무엇일까?

조직이 건강하게 성장하고 행복해지려면 리더가 먼저 건강하고 행복해져야 한다. 그리고 업무적으로 객관적인 분석력과 사고력이 요구되지만 주로 인간은 감성에 의해 마음을 움직이고 판단하는 속성을 가지고 있기 때문에 인간 조직의 리더는 모든 것을 이성적으로 분석하기보다는 구성원과 함께 감성적으로 공감하며 그들의 마음을 얻어야 한다.

더 나아가 리더가 삶에 기쁨과 만족을 느끼고 행복하다면 자연스럽게 그 느낌이 구성원에게도 전달되어, 불안감이 제거되고, 희망을 품게 된다. 그럴 때 조직은 창의적이고 생산적으로 지속 가능한 발전을 거듭할 수 있다.

그러기 위해 리더는 먼저 자신이 가진 마음의 상처를 들여다볼 줄 알아야 한다. 불완전한 자기정체성에서 오는 열등감이 있고, 타인에 대한 증오심이나 복수심을 가지고 있는 리더는 결코 행복할 수 없다. 리더의 불행은 부정적인 파장을 내뿜게 되고, 이는 조직전체에 퍼져나갈 수밖에 없다. 또 누구를 시기하거나 질투심을 갖게 되면 거기에 사로잡혀 올바른 방향으로 조직을 이끄는 리더가 되기에 가장 큰 방해요소가 될 수 있다. 그러므로 리더의 상처는 가장 먼저 치유되어야 한다.

또 구성원들보다 월등하게 우수해야 한다는 리더의 강박관념도 버려야 한다. 그래야 구성원들과 벽을 허물고 수평적인 관계가 형성되어 수용적인 자세로 함께 나누고 돌보는 인간관계의 행복감을 맛 볼 수 있다. 그런 리더가 이끄는 조직의 구성원들 또한 리더의 그러한 사고방식과 태도가 자연스럽게 스며들기 때문에 좋은 조직으로 성장해나갈 수 있다.

더불어 리더가 행복해지기 위해 꼭 알아두고 실천하면 도움이 될 몇 가지 명언을 소개한다.

소설가 괴테는 '기쁘게 일하고, 자신이 한 일을 기뻐하는 사람은 행복하다' 고 했다. 자신, 자신과 함께 있는 사람들과 일하는 그 자체를 즐겁게 여기고, 그 결과에 대해 불만족하고 불평하기보다는 작은 성과라도 기뻐하고 그 기쁨을 함께 나눌 수 있으면 행복하다는 것이다.

철학자 칸트는 행복의 원칙을 첫째는 '어떤 일을 할 것', 둘째는 '어떤 사람을 사랑할 것', 그리고 셋째는 '어떤 일에 희망을 가질 것' 이라고 했다. 무엇인가 의미 있는 일을 해나간다는 것과 이해하고 교감하는 감성을 키울 사랑하는 사람을 가지고 있으며, 절망

보다는 희망을 품고 나아가는 리더는 행복하다.

링컨 대통령이 남긴 '사람은 행복하기로 마음먹은 만큼 행복하다'는 말은 결국 행복은 스스로 만들어가는 것이고, 행복을 향한 긍정적인 마음이 행복의 조건임을 강조한다.

불행한 리더는 불행한 조직을 낳는다.

행복한 조직을 만들고 싶은가? 그러면 리더 자신부터 먼저 행복해져야 한다. 그리고 리더로서 성공하려면 구성원의 마음을 얻고 움직이는 감성리더십을 발휘해야 성공할 수 있다.

그래서 다음 주제는 감성리더가 되기 위한 듣기, 말하기, 행동하기, 그리고 소통하기에 대해 살펴보고자 한다.

02

성공하는 감성리더,
이렇게 듣는다

"나는 매일 아침 1센트짜리 동전 10개를 왼쪽 바지 주머니에 넣고 집을 나선다."

이는 '듣고 또 들어라, 위기가 뚫린다.'라는 신념을 가졌던 세계 최대 제약회사 화이자의 전 회장 제프 킨들러가 했던 말이다. 그는 회사에 출근해서 직원들을 만나면 그들의 이야기에 최선을 다하여 경청했다. 그리고 그들의 고민이나 이야기를 충분하게 들어 주었다고 판단되면 왼쪽 주머니에 있는 동전 하나를 오른쪽 주머니로 옮겼다. 저녁에 퇴근하면 양쪽 주머니에 있는 동전을 비교해 보고, 오른쪽 주머니로 옮겨간 동전의 개수마다 10점씩 점수를 주었다. 모든 동전이 옮겨졌으면 '100점'이 되었는데, 이런 방법으로 매일 저녁 스스로에게 만점을 받는 것이 CEO(최고경영자)인 그가 해야 할 가장 중요한 일과 중의 하나였다고 한다.

그는 이렇게 회사의 경계와 주변에서 직접 대고객업무를 수행하면서 외부 고객들과 내부 조직을 연결해주는 직원 즉, 바운더리 스패너(BOUNDARY SPANNER)라고 여기는 내부 구성원들의 말을 적극적으로 귀담아들었다. 그 이유는 그들이 고객들의 소비 패턴 변화와 새로운 트렌드를 전하는 현장의 전사들이라고 생각했기 때문이었다. 항상 시장의 목소리에 귀를 열어 놓아야 하고, 회사운영에 대한 평가 중, 소비자의 목소리만큼 확실한 지표가 없다고 여겼다. 때문에 리더는 평상시에는 물론 어려울 때일수록 최대한 소비자들과 가깝게 있는 사람들의 이야기를 듣고 또 들으면 거기에 해답이 있다고 믿었다. 바로 이런 경청의 태도가 화이자 근무 경력이라고는 4년밖에 안 된 법률 전문가인 그가 회사의 위기를 극복한 경영자로 성공할 수 있었던 가장 큰 원동력이었다.

표면적인 보고서나 결재서류를 통해서가 아닌, 직접 그들을 만나고 살아 있는 목소리를 들었으며, 가능한 그들이 끝까지 이야기할 수 있도록 편안하게 들어주었다. 이런 태도야말로 리더가 실천해야 할 감성적 듣기, 즉 공감적 경청이다.

오늘날, 명실상부 세계적인 그룹으로 성장한 삼성그룹 이건희 회장은 회사에 처음으로 출근하던 날, 창업자인 아버지로부터 '경청(Listening Courteously)'이라는 휘호를 선물 받았다고 한다. 이 사례는 경영자가 갖추어야 할 덕목으로서 경청의 중요성을 다시 한 번 일깨워준다. 흔히 부하직원들에게 "사랑하고 존경하는 여러분, 저는 여러분의 의견을 존중하고 함께 일해 나가겠습니다." 라고 한다. 그러나 그런 말을 아무리 자주 한다고 해도 그들의 마음을 오롯이 얻기는 어렵다. 그러므로 '당신을 인정하고, 의견을 존중한다.'는 배려의 뜻을 실감나게 전하기 위해서는 무엇보다도 먼저 상대방의 말에 적극적인 태도로 귀 기울여주는 공감적 경청이 가장 효과적이다.

대접받으면 대접하고 싶은 것이 인간이기에 자신의 의견을 충분히 말하고, 그것을 들어주는 리더에게는 당연히 충성심을 보이게 되어 있는 것이다.

절대적인 왕의 '명'으로 주종관계였던 왕조에서도 경청으로 리더십을 발휘한 좋은 예가 바로 세종대왕이다. 세종은 회의 때마다 늘 사안에 찬성하는 신하와 반대하는 신하들을 함께 참석시키고 서로 격렬히 토론하게 하면서도 자신은 최대한 발언을 자제했다고 한다. 그렇게 토론이 충분히 진행될 때까지 기다렸다가 균형과 조정 능력이 있는 참석자에게 회의 내용을 정리하게 했다. 그리고 그쯤에야 왕은 가능한 좋은 의견에 힘을 실어주는 방식으로 회의를 진행했다. 특히 강한 반대자가 있는 경우에는 공감대가 이루어질 때까지 대화와 토론을 더 이어가서 모두가 만족할 만한 결론을 내도록 하는 인내의 경청을 실천했다. 위대한 한글 창제도 무지한 백성들의 작은 목소리까지 듣고자 하는 소통과 경청의 리더십에서 비롯된 산물이었던 것이다.

또 다른 경청의 예로 에이브러험 링컨 대통령의 일화도 있다. 자신의 뜻을 관철시키기 위해 이야기를 많이 하며 설득하기로 유명한 그였지만, 그 또한 상대방의 이야기를 경청하는 기본 자질을 가진 리더였다. 그의 대통령 선거전에 있었던 일화는 유명하다. 한 소녀에게서 그의 광대뼈 때문에 인상이 차가워 보인다며 수염을 길러보라는 편지를 받고는 바로 실천에 옮겼던 일을 보자. 그런 편지는 사소하고 하찮은 일이라 여기고, 인신공격이라고 치부하고 무시해버릴 수도 있었겠지만, 오히려 어린 소녀의 작은 목소리에도 귀 기울이고 공감하는 큰 리더로서의 자세를 갖추었음을 보여준다. 결국 그 수염은 링컨 대통령의 상징이 되어 오늘날 우리의 기억 속에도 남아 있게 된 것이다.

이렇듯이 성공하기 위한 모든 리더가 공통적으로 갖추어야 할 그 첫 번째 자질은 바로 듣는 능력, '적극적 경청'이어야 함을 아무도 부인하지 않을 것이다. 왜냐하면 리더는 구성원과 함께 호흡하며 그들의 숨소리를 들어야 하고, 그들의 생생한 목소리를 들으며 공감할 수 있어야 그들의 마음을 얻고, 움직일 수 있기 때문이다. 이는 그들이 '주로 이성적으로 분석하고 받아들일까? 아니면 감성적으로 수용하고 판단할까?'를 생각해보면 그 해답이 나온다.

이제 감성에 호소하는 공감적 경청을 하자. 지금까지 들리지 않았던 소리가 들리기 시작하고, 보이지 않았던 모습도 새롭게 보일 것이다. 그러면 그들도 리더인 당신의 목소리에 귀기울여주고, 새로운 모습을 보려고 할 것이며, 이로써 당신은 진정한 리더로 거듭나게 될 것이다.

성공하는 감성리더,
이렇게 말한다

'일 잘하는 리더가 될 것인가?' 아니면 '말 잘하는 리더가 될 것인가?'

당신이 리더라면, 구성원의 잠자는 감성을 흔들어 깨우고, 가슴에 불을 붙여 즐겁고 활기 찬 조직의 리더가 되고 싶지 않는가? 아마 이를 싫어할 리더는 없을 것이다. 지금은 21세기, 감성의 시대를 살고 있기에 더욱 그래야만 한다. 하지만, 아무리 똑똑하고 일 잘하는 리더가 솔선수범하며 좋은 영향력을 행사하려고 해도 조직을 혼자 끌고 가는 것은 불가능하고 비효율적이다. 즉, 좋은 리더는 조직원들이 자신의 역량을 키우고 역할수행에 능력을 발휘하도록 이끌어가는 것이 더 중요하다. 그래서 리더는 그들이 활활 타오르듯 자발적이고 능동적이며 지속적으로 성장해나가도록 지지하고 옹호해야 한다. 그리고 그렇게 만들기 위한 여러 방법 가운데, 단지 '말 한 마디'가 강력한 불쏘시개처럼 작용하고, 말을 잘해서 성공하는 리더가 될 수도 있다. 그렇다면 어떻게 말해야 할까? 이 감성의 시대에 어떻게 말하면 성공하는 감성리더가 될 수 있을까?

"우리 선수들이 자랑스럽다." "선수들이 최선을 다하는 한, 나는 언제나 그들을 보호하고 지지할 것이다." 이는 2002 한일 월드컵에서 한국 대표 팀의 거스 히딩크 감독이 폴란드를 상대로 첫 승을 거두고, 16강 진출의 관문인 포르투갈전을 앞두고 했던 말이다. 인터뷰를 통해 알려진 이 짧고도 강렬한 메시지는 선수들을 향해 거인 명장의 무한한 신뢰를 표현하기에 충분했다. 결국 이런 말 한마디는 선수들의 가슴을 힘차게 뛰게 했고, 그때까지만 해도 미약했던 선수들마저 월드컵을 거치는 동안 발군의 실력을 보여

주었다. 또 이러한 과정을 통해 탄탄한 역량을 키워가며 훗날 세계적인 선수로 성장할 수 있는 도약의 발판을 만들어주기도 했으며, 팀은 4강 진출 신화를 이루어낼 수 있었다. 그들의 잠재력을 보고, 그 잠재력을 끌어주고자 했던 도르레와도 같았던 이것이 바로 '리더의 말의 힘'이다.

그런데, 단 한 번의 말의 힘이 주는 위대함도 있지만, 그 한 마디를 기폭제로 삼아 촉진제 같은 역할을 꾸준히 해줄 수 있어야 한다.

히딩크 감독 또한 월드컵이 진행되는 동안 그들의 가슴속에 끊임없이 울림의 파장을 불러일으키는 말들을 계속 쏟아냈던 것을 기억하자. 한 번의 파장으로 파도를 일으키는 것도 중요하지만, 지속적인 격려의 말로 그들의 가슴속을 감동의 바다로 만들어주어야 한다.

이는 콘라드 로렌츠의 명제를 보면 좀 더 잘 알 수 있다. 그는 '말했다고 해서 아직 들은 것은 아니며, 들었다고 해서 이해한 것은 아니다. 이해했다고 해서 동의한 것은 아니며, 동의했다고 해서 기억한 것은 아니다. 기억했다고 해서 적용한 것은 아니며, 적용했다고 해서 행동이 변한 것은 아니다'라고 했다. 우리는 보통 한 번 말하면 그것으로 다 이루어지길 바라게 된다. 하지만 단순히 한 번 말하기에 그치지 않고, 잘 듣고, 이해하고, 동의하며, 기억하고 적용한 후 행동이 변하기까지 지속적으로 말하고 또 말해야 한다는 것을 잊지 말자.

"열 번 이상 말하지 않으면 한 번도 안 한 것과 같다." GE의 전 CEO였던 잭 웰치의 말도 있다. 독일의 심리학자 헤르만 에빙하우스 교수가 연구한 '망각곡선'을 참고해보면 왜 그래야 하는지 좀 더 이해할 수 있다. 망각곡선에 따르면 사람은 들은 것에 대해 1시간 후 50%을 잊게 되고, 하루가 지나면 70%를, 그리고 한 달 후에는 80%를 잊게 된다고 한다. 가슴속의 파장이나 파도가 몇 시간, 며칠, 몇 달씩 그대로 유지되지 않는다는 것이다. 그러므로 여러 번 거듭해서 말하는 반복화법과 함께 주기적인 복습화법이 필요하다는 것이다. 그래야 일렁이는 파도처럼 그들의 감성을 흔들어주고, 그 깨어 있는 감성으로 이성까지도 움직일 수 있게 된다.

지금은 다양성과 역동성, 창의성의 시대이자 감성의 시대다. 그러므로 리더는 늘 가능성을 열어두고, 변화하는 것과 새로운 것을 말하되, 너무 이성적으로 흘러서는 안 된다. 즉, 리더의 말은 듣는 이들의 차가운 머리에만 머무를 것이 아니라, 뜨거운 가슴을 파고들어야 한다. 그렇다면 어떤 상황에서 어떻게 말해야 할까? 예를 들면, 그들에게 칭찬이나 격려를 해야 할 때, 또 실수나 잘못으로 질책이 필요할 때, 때로는 어떤 사항을 지시하거나 전달해야 할 때는 어떤 화법을 사용해야 그들의 감성을 효과적으로 자극해 더 효율적으로 작용할 수 있을까?

이를 좀 더 구체적으로 알아보자면, 다음의 몇 가지 방법을 사용해보기 바란다. 그러면 말하는 순간부터 당신은 곧 조직을 성공적으로 이끌 수 있는 훌륭한 감성리더가 될 것이다!

첫째, 칭찬과 격려에는 감동이 있어야 한다.

늘 "열심히 해!"라는 영혼 없이 반복적인 칭찬의 말은 죽을힘을 다해 열심히 하고 있는 노력을 몰라준다는 섭섭함을 주게 되므로 오히려 사기가 저하되기 쉽다. 대신, "열심히 하고 있네!"라고 인정해주고, 단지 막연하게 "잘했어"라고 일반적인 표현보다는 "이 일의 성공은 자네의 노력과 공이 가장 컸네, 고마워!"라든가, "지난번보다 이 점이 훨씬 더 향상되었네."처럼 구체적으로 격려하자. 당신의 칭찬과 격려를 듣는 그들의 가슴에는 감동의 폭포수가 흐르게 될 것이다. 그리고 의욕과 자긍심을 불러 일으켜 긍정적인 주마가편(走馬加鞭)이 될 것이다.

둘째. 실수나 일이 잘못된 경우, 질책을 해야 할 때는 스스로 그 점을 인정하고 받아들이며 해결책을 찾게 하자.

"왜 그랬어?"라고 책임을 추궁해서 의기소침하게 만들기보다는 "나도 처음엔 자네와 같은 실수를 저지른 적이 있었어, 괜찮아!", "어떻게 하면 좋을까?"라며 방법을 찾아보게 하자. 이질감으로 마음의 벽을 쌓기보다는 동질감으로 친근감까지 만들어낼 수 있다. 또 무시당하지 않고 존중받는 느낌을 주게 되므로 미안함과 함께 책임감을 더 느끼게 되고 수습하는 과정에 적극적으로 참여하게 된다. 거기다가 다시 반복되지 않도록 하는 교육의 효과까지 얻을 수도 있다.

셋째. 지시를 할 때도 일방적이기보다는 의견을 존중하고, 가능한 한 권한을 위임해보자.

무조건 "이렇게 해"라고 명령하지 말고, "어떻게 생각하니?"라고 묻고 좋은 의견은 과감히 받아들여주고 반영해주어야 한다. 또 "자네는 큰일을 해낼 아주 중요한 사람이야, 힘내게!"라고 덧붙여보고, 의무와 함께 책임이 따르는 적절한 권한을 부여해주어 보자. 지금보다 훨씬 더 효과적인 방법을 찾아내기도 하고, 더 효율적인 결과를 만들어낼 것이다.

이 시대를 사는 우리는 어떤 측면으로 보면 모두가 리더라고 해도 과언이 아니다. 공식적인 조직에서 부여받은 직함이 아니더라도 가족, 친구, 조직, 기업 등 알게 모르게 리더의 역할을 수행하며 살아가고 있다.

그리고 당신이 어디에 있든지 좋은 리더, 성공하는 리더가 되려면 이제 말부터 달라져야 한다. 지금, 이 감성시대는 감성의 말을 사용하는 감성 리더를 원하고 있기 때문이다.

04

성공하는 감성리더,
이렇게 행동한다

"당신은 상사인가? 리더인가?" 이런 질문에 뭐라고 대답할 것인가?

이는 세계 최고의 호텔 그룹인 포시즌스의 회장, 이사도어 샤프의 저서에 나오는 말이다. 그는 또 '리더는 사람을 꿈꾸게 하라'고 강조하며, "만약 그들이 당신을 위해 일하고 있다면 당신은 그들을 위해 일해야 한다."라고도 말한다. 그렇다면 그가 말하는 '상사'와 '리더'에는 어떤 차이가 있을까?

"지금 우리 프로야구에는 감독만 있지 리더가 없어요." 이 말은 '야신'이라 불리는 김성근 감독이 어느 방송 인터뷰에서 한 말로써 "사람이 많다고 이기는 것이 아니다. 그보다 중요한 것은 팀을 어떻게 만들어가고, 팀의 방향을 어떻게 설정할지가 중요하다"고 덧붙였다. 과연 그가 말하는 '감독'과 '리더'의 다른 점은 무엇일까?

즉, 그들이 말하는 '상사'나 '감독'과 '리더'는 어떤 차이가 있으며, 조직이나 팀을 어떻게 이끌어가는 것일까?

이러한 질문들에 대해 다음과 같은 답변은 어떤가?

미국의 제6대 대통령이었던 존 퀸시 에덤스가 남긴 명언 중에 "당신의 행동이 다른 사람들이 더 많이 꿈꾸고, 더 많이 배우고, 더 좋은 성과를 얻도록 고무한다면, 당신은 리더이다"라는 말에서 그 핵심을 찾을 수 있다.

즉 리더의 행동은 조직 구성원에게 생명력과 에너지를 불어넣어 조직을 성장시켜야 하고, 그들 또한 조직과 함께 성장해나갈 수 있도록 이끌어주어야 한다. 조직원은 리더의 행동에 따라 반응하고, 리더가 기대하는 만큼 능력을 발휘할 수 있기 때문에 리더의 행동은 조직을 살릴 수도 있고 죽일 수도 있는 영향력을 가졌다고 해도 과언이 아니다.

  그렇다면 어떤 경우를 '상사'나 '감독'이라고 여기게 되는지 좀 더 살펴보자.

  먼저 조직원들에게 자신의 직책이나 권력을 앞세워 지시나 명령을 전달하기에 습관적이라면 그는 그냥 상사나 감독임에 틀림없다. 그야말로 '시키는 대로 해!'라고 일방적인 태도로 군림하면서 칭찬이나 격려에는 인색하다가 실수나 잘못에 대한 질책에는 그 어느 때보다도 엄격해서 조직원의 성장과 인재 양성에 노력하지 않는 이는 결코 리더라고 할 수 없다.

  또 위기나 갈등상황에 처해 있는데도 결단력이 없거나 결과가 두려워서 책임을 회피하고, 조직을 위해 희생하려 하지 않는다면 리더가 아니다. 평소에 조직원들에게는 늘 조직을 위한 희생과 봉사를 말하면서 자신은 말과 행동이 다르다면 그는 그야말로 단순한 '상사'나 '감독'의 역할에 불과했던 것이다.

한편, 그저 좋은 게 좋다는 식으로 늘 긍정적인 면만 보려하고, 듣기 좋은 말이나 행동만 찾거나 다른 사람들도 그러기를 바라는 경우, 심리학에서 말하는 일명 '굿 가이 콤플렉스'에 사로잡혀 있는 경우에도 좋은 영향력을 주는 리더는 되기 어렵다. 비판이나 부정적 평가가 두려워 문제가 드러나지 않도록 덮어두고, 당장 눈앞의 공격이나 비난을 피해보고자 하는 이는 일시적인 분위기는 좋게 만들지 몰라도 장기적으로는 결국 더 큰 문제를 생산해내고 급기야는 손을 쓸 수 없을 만큼 조직을 망쳐놓기 쉽다. 리더로서의 역할을 망각한 것이다.

미식 축구감독이자 동기부여 전문가로 알려진 루 홀츠의 말을 빌리자면, 선수들은 감독에게 마음속으로 늘 '당신은 내게 관심을 갖고 있는가? 내가 당신을 신뢰할 수 있는가? 그리고 우리 팀의 성공을 약속하는가?'라고 질문을 던진다고 했다. 그래서 팀을 이끄는 리더는 이 질문에 말이 아닌 행동으로 답해야만 한다고 했다. 역으로 말하자면 리더의 행동이 '사람의 마음'을 움직여야 원하는 목적을 달성할 수 있다는 것이다. 그들의 감성에 응답하고 감성으로 호소하는 것이다.

이와 같이 성공하고 싶은 '리더'라면 이성적인 측면을 지나치게 강조하면서 그런 성향으로 영향력을 행사하려는 '상사'나 '감독'과는 다르게 행동해야 한다.

즉, 조직원들의 에너지를 키울 수 있는 감성을 자극하고 그들과 함께 성공해나가는 감성리더가 되어야 하는데, 그런 '리더'의 행동 지침에 대해서 다음과 같이 제안한다.

첫째, 리더는 조직원이 그들의 역량을 키우고 발휘하도록 끊임없이 촉진시켜야 한다. 그들과 함께 확실한 목표와 비전을 제시하고, 조직의 함께 그들 자신도 성장발전 할 수 있는 기회를 주어야 한다. 그리고 이를 위해서는 칭찬과 보상에 매우 적극적이어야 한다.

둘째, 리더는 그 자신의 말과 행동에 있어서 '언행일치'로 신뢰를 주고 정직하게 행동해야 한다. 말한 것을 용기 있게 실천하는 솔선수범의 약속이행이 중요하다. 그리고 앞뒤가 다르지 않도록, 솔직한 태도로 시종일관 진정성이 묻어 나오도록 성실한 자세를 지녀야 한다.

셋째, 리더는 늘 전체를 파악하고 조율하는 오케스트라의 민첩한 지휘자가 되어야 한다. 연주곡 전체의 흐름을 파악하고, 악기와 연주자의 특성을 고려하여 적재적소(適材適所)에 잘 배치하고, 아름다운 곡이 연주되도록 해야 한다.

아무리 재능이 많고, 좋은 품성을 가졌다 할지라도 좋은 리더가 되기는 쉽지 않다. '상사'나 '감독'과는 분명히 다른 '리더'의 감성적인 행동이 구성원들을 조직이 원하는 성공적인 방향으로 이끌어가는 원동력이 아닐까?

05

성공하는 감성리더,
이렇게 소통한다

"다른 사람의 속마음으로 들어가라. 그리고 다른 사람으로 하여
금 당신의 속마음으로 들어오도록 하라."

이는 로마의 황제였던 마르쿠스 아우렐리우스가 했던 말이다.

『맹자(孟子)』의 이루(離婁)편에서 유래된 사자성어 '역지사지(易
地思之)'와도 일맥상통하는 같은 의미를 담고 있다. '상대방과 처
지를 바꾸어 생각하라', 즉 상대방의 처지나 입장에서 먼저 이해
하라는 뜻이다. 이성이 아닌 감성으로 공감하라는 것이다. 그래야

만 사람의 마음을 움직일 수 있고, 함께 공통의 목적과 목표를 이룰 수 있기 때문이다. 그러므로 이 또한 조직을 성공적으로 이끌어 가고자 하는 리더라면 반드시 실천해야 할 소통의 시작이며 끝이 되는 중요한 도구요, 방식이다.

그런데 요즘 우리 사회에서 소통의 중요성, 더구나 이 역지사지의 의미에 대해 모르는 사람이 없고, 특히 리더십을 말할 때 가장 먼저 강조되면서도 실제로는 오히려 갈수록 자신만의 입장과 목소리를 더 내기도 한다. 그럴수록 상대적으로 자신을 몰라준다는 억울함과 이를 분출하는 극단적인 방법들까지도 동원되는 상황은 왜 자꾸 늘어만 갈까? 아마 그것은 의미나 중요성은 이미 모두 알고 있지만 태도의 변화가 이루어지지 않았고, 이를 적극적으로 실행하지 않았거나 또 지속적인 습관화가 안 되었기 때문일 것이다. 그로 인해 서로의 분노와 원망이 점점 커져 분열과 충돌로 이어짐에 따라 마침내 소모적이고 비효율적인 조직이 되고 만다. 그래서 공동의 목표를 달성하기 어렵고, 어쩌다가 겉으로 보기에 어느 한쪽이 이겼다 한들, 그것은 비정상적인 반쪽자리 승리에 불과하며, 결국 고스란히 그 조직에 속한 모두에게 아물지 않은 상처로 치명적인 상황을 초래하기 쉽다. 소통이 제대로 되지 못해 일어난 참담한 결과다.

'태산은 아무리 작은 돌이나 흙이라도 받아들임으로써 저처럼 높은 산이 되었다. 큰 인물이 되려면 도량을 넓게 하여 많은 인물을 받아들이고 소통하는 아량이 필요하다'는 중국 고전 『관자』에 나오는 말이나, '다툼의 당사자가 둘이 있을 때 한쪽 말만 듣는 사람은 반쪽 말만 들은 것이다'라는 그리스 극작가 아이스킬로스의 말을 되새겨 보자. 여기서 찾아볼 수 있는 교훈은 조직을 이끄는 리더가 어떻게 소통해야 하는지를 알 수 있다. 즉 리더라면 자신의 생각과 다른 의견이라도 수용해야 하고, 조직 내 서로 다른 주장이 있을 경우, 한쪽에 치우치지 말아야 한다는 것이다. 또 자신의 입장은 잠시 접어두고 양쪽의 의견에 균형적인 소통 노력이 요구된다는 것을 강조한다.

의사소통(意思疏通)의 의미를 글자 그대로 풀어보면, '뜻과 생각이 막힘이 없이 트여서 통한다'는 것인데, 여기서 가장 중요한 것이 바로 '막힘이 없다' 이다. 왜냐하면 뜻과 생각이 '통' 하려면

'트임'이 먼저 필요하기 때문이다.

장애물이 잔뜩 가로막혀 있는데 어떻게 통할 수 있단 말인가? 바꾸어 말하자면 자신의 술로 가득 채운 잔에 타인의 술을 받을 수 없으며, 자신의 기준으로 높은 벽을 쌓아둔 채 타인이 넘어오길 바란다는 것은 상대방을 받아들이지 않겠다는 것이나 다름없다. 즉 상대방과 소통하려면 그쪽에서 쉽게 다가올 수 있도록 내 잔을 비워놓고, 길도 시원하게 터놓아야 한다. 함께 나눠야 할 술과 같이 가야 할 길이라면 나만의 방식대로 세운 원칙을 내려놓고, 기다려주는 인내와 적극적인 수용이 필요하다. 시간과 비용이 들어도 나중에 보면 그게 훨씬 더 효율적이다. 무엇이 두려운가? 불안해하지 말고 아집을 버리고, 용기를 내서 손을 내밀어야 한다. 또 잡아달라고 내미는 손이 있다면 주저 말고 두 손 맞잡아야 한다. 그럴 때만이 온전히 같이 공감할 수 있고 감성의 끈으로 연결될 수 있다.

그래서 리더는 자신이 가진 지식이나 정보, 경험 등이 상대방보다 우월하다고 단정하지 말아야 한다. 직책과 권력에서 나오는 이성적인 힘으로 감정과 생각을 가진 조직원들을 내 뜻대로 다스리겠다는 의도는 매우 위험하다. 리더의 입장에서 더 큰 것을 생각하고 고민한 결과라며 일방적인 주장을 강요하면서, 구성원들이 각성하고 양보하며 따라주기만을 바란다면 그것은 진정한 소통이 아니다. 몇 시간, 몇 달을 두고 많은 이야기를 한다고 해도 진정한 공감과 이해가 없는 지시나 또는 상대의 입장을 고려하지 않는 통보는 소통이 아니기 때문이다. 이럴 때 조직의 창의적 역량은 낮아질 수밖에 없고, 생산성의 저하로 인한 성장발전의 위해라는 당연한 결과를 불러오게 된다.

"성공하고 싶다면 좋은 리더가 되라! 좋은 리더가 되고 싶다면 감성으로 소통하라! 소통하고 싶다면 먼저 길부터 터라! 그 길로 상대방이 편안하게 오도록 시간을 주고 기다려라! 그리고, 얼굴을 마주보고 마음을 읽으며, 주거니 받거니 도란도란 함께 걸어보라! 힘들여 잡아끌지 않아도 먼 길을 수월하고 즐겁게 갈 수 있을 것이다."

3

조직, 감성으로 거듭나고,
감성으로 성장하라

01

구맹주산을 찾아내자

'다 괜찮은데 왜 안 되지?' 라는 생각이 들 때가 있다.

다 잘될 요소만 가지고 있는데, 도대체 안 될 이유가 없는데도 잘 안 풀리는 경우가 있다. 예를 들면 스펙도 인물도 좋기만 한데 취직이 안 된다거나, 능력도 성격도 좋은데 결혼을 못하는 사람들이 그렇다. 또 품질도 좋고 서비스도 좋은데 판매가 부진하다거나, 경치도 좋고 길도 좋은데 찾는 사람이 없다는 관광지도 이에 속한다. 참으로 답답한 노릇이다. 이렇게 한 개인뿐만 아니라 조직에서도 미스터리처럼 풀리지 않는 상황은 객관적으로 판단해서는

도저히 이해할 수 없는 의문만 생긴다. 무엇인가 절실한 해결책이
필요해진다.

그런데 이런 상황에 비유할 적절한 사자성어가 있으니, 바로 '구
맹주산(狗猛酒酸)'이다. '개가 사나우면 술이 시어진다'는 뜻으로
한비자(韓非子)의 외저설우(外儲說右)에 나오는 이야기다. 중국
춘추전국시대 때 송(宋)나라의 우화인데, 그 내용은 다음과 같다.

술 빚는 실력이 출중한 장(壯)씨 성을 가진 사람이 주막집을 열
었다. 그의 실력이 빚어낸 술맛은 당연히 최고였고, 부도덕한 방법
으로 이윤을 남기려는 다른 주막들과 달리 그는 술 되를 속이지
않는 정직함과 손님들에게 친절하게 대하기까지, 장사는 잘될 수
밖에 없는 여건을 골고루 갖추고 있었다. 거기다가 손님이 주막집
을 찾기 쉽도록 멀리서도 술집이라는 것을 확연히 알 수 있는 깃
발까지 높이 세워두고 모든 준비를 마친 그는 이제 몰려들어 올
손님들을 맞을 채비를 다 끝냈다고 생각했다. 하지만 이상하게도
찾아오는 손님은 없고, 시간이 흐르자 술은 이내 시어버리기 일쑤
였으며 그런 채로 결국 주막집 문을 닫아야 할 지경에 이르렀다.

답답해하던 장씨는 아무리 찾아봐도 주막집이 안 될 이유를 몰랐다. 그래서 궁여지책으로 동네에 사는 지혜로운 노인을 찾아가 그 이유를 물었다. 그러자 그 노인은 아주 당연한 듯이 하는 말이 "자네가 만든 술은 일품이네. 그런데 자네 집 앞에 개 한 마리가 있지 않은가? 그 개가 너무 사나워 사람들이 가게에 들어서지 못하고, 술심부름하는 아이들은 무서워서 아예 근처에도 못가고, 멀리 다른 술집으로 찾아가서 그런 것일세"라고 대답했다. 그 말을 들은 장씨는 놀라지 않을 수 없었다. 주인에게는 늘 꼬리를 치며 예쁘기만 했고, 주막집을 지켜 줄 든든한 개였지만 마을 사람들에게는 두려움의 대상이었다는 것이다. 도둑을 막아야 할 개가 찾아오는 손님을 쫓아내고 장사를 망치는 진짜 도둑인 된 꼴이다.

이 우화는 본래 군주가 아첨하는 신하에 포진되어 있으면 훌륭한 인재가 등용되지 못하고, 그 간신배는 사나운 개처럼 활개를 치고 날뛰어서 결국 군주의 목숨을 위태롭게 할 뿐만 아니라 나라까지 망하게 한다는 데서 시작되었다. 하지만 오늘을 사는 우리에게도 아주 필요한 이야기이다. 그 이유는 이렇다.

오랫동안 공들여 준비한 일이 그 실마리마저 잘 안 풀릴 때가 있다. 그럴 땐 무심히 지나치거나 방치해둔 미미한 문제가 큰 장벽을 만들고 있지는 않은지 살펴봐야 한다. 그야말로 등잔 밑이 어두운 것처럼 원인은 내부나 아주 가까운 곳에서 찾을 수도 있다. 그리고 그 원인은 대문 앞의 개 한 마리를 치우는 것처럼 의외로 쉽게 해결이 가능한 간단한 일이 많다.

또 아무리 뛰어난 재능을 가진 사람이라도 사나운 개의 요소까지 함께 가지고 있다면 그는 마치 이미 시어져버린 술처럼 아무 쓸모가 없다. 이렇듯 한 개인에게서의 맹구(猛狗)는 인간관계나 사회활동을 하는 데 매우 치명적으로 작용하게 된다. 그리고 그것은 아주 사소하게 여겨지기 쉬운 것들이지만 크게 작용하는 요소들일 수도 있다. 특히 요즘처럼 감성의 시대에서는 감성적인 요소들이 매우 중요하다.

예를 들어 상대방에게 거부감이 느껴지는 눈빛이나 표정, 대화를 나눌 때 비호감을 주는 말투나 어법일 수도 있다. 또 거만한 태도나 성의 없는 악수 등, 아주 사소한 매너나 비호감을 수는 득징한 버릇들도 때론 맹구로 작용한다. 독선과 아집으로 주위 사람들을 힘들게 하거나 일방적으로 이기적인 욕심만 추구하는 경우도 그렇다. 자기안의 사나운 이를 밖으로 하얗게 드러내면 유능한 인재라 할지라도 어디서나 환영받지 못하는데, 특히 그가 어떤 리더의 위치에 있다면 더욱 그렇다. 그 조직에 끼치는 영향력이 클수록 더욱 그 힘을 발휘할 수 없다. 그런 리더의 부정적인 요소는 오롯이 조직 전체의 분위기나 역량에 악영향을 끼치게 되는 것이다.

조직이나 기업도 다를 바 없다. 건강한 조직이라도 사나운 개 한 마리 때문에 무너지는 경우를 흔히 볼 수 있다. 여러 가지 조건을 갖추고 좋은 환경에서 좋은 목표를 세웠다고 해도 조직은 원하는 방향으로 성장하지 못하게 된다. 최고의 품질을 자랑하는 제품을 생산하고 다양한 마케팅으로 판매 전략을 세웠더라도 단 하나의 잘못된 요소가 이를 가로막을 수도 있다. 그 맹구적인 요소는 조직이나 기업의 내외부에 매우 다양한 형태로 존재한다. 별 것 아니라고 치부하고 간과해버린 어떤 시설이나 장비, 또는 프로그램이나 시스템의 문제일 수도 있고, 알면서도 모른 척하며 어찌할 수 없다는 생각에 그대로 방치해둔 것일 수도 있다. 그런데 실제로 그것을 개선하는 데는 생각보다 그리 많은 노력이 필요치 않는 경우가 대부분이다. 특히 그것이 하드나 소프트 요소의 측면이 아니라 휴먼, 즉 인간적인 측면에서의 문제라면 조직 전체에 끼치는 부정적 영향력은 측정할 수 없을 만큼 커질 수도 있다. 감성으로 소통하고 움직이는 현대의 조직은 기계적인 요소나 상황보다는 인간적인 요소가 조직에 더 크게 작용하게 된다. 그러므로 빨리 개선하거나 보완해야만 한다.

강점과 기회요소를 키우고 활용해야 하지만, 약점, 특히 위협요소를 빨리 찾아내서 보완하고 제거해나가는 노력이 성패를 좌우한다.

지금부터 찾아내보자! 우리 조직, 우리 기업의 '구맹주산'은 무엇일까? 특히 조직 구성원들의 감성에 영향을 주는 요소, 조직이 성장해나가는 데에 방해가 되는 요소, 그 중에서도 인간적인 요소에서의 맹구를 어서 찾아내보자!

02

감정노동자를 어루만지는 감성치유

"내가 웃어도 웃는 게 아니야!", "웃고 있지만 울고 있다"라는
말이 있다.

이는 겉으로 나타나는 감정표현이 실제 내면과는 다른 경우이
다. 얼마 전 모 대기업 임원이 기내에서 항공사 여승무원을 폭행
한 사건, 이른 바 '라면 상무'을 계기로 사회적으로 큰 이슈가 되고
있기도 한 감정노동 종사자들이 겪는 직무스트레스를 표현한 말
이기도 하다.

감정노동이란 얼굴 표정과 목소리, 자세나 동작 등의 외향적인 신체적 표출을 하기 위해 자신의 내면적인 감정을 관리하는 과정에서 자신의 실제 감정표현을 수정하기 위해서 강화하거나 위장, 혹은 억제하는 업무에 임하는 것을 말한다.

이렇듯 감정노동은 고객과 직접 대면하거나 목소리로 업무를 수행하는 서비스 접점 업무 종사자들에게는 그들의 핵심 업무를 수행하면서 반드시 겪어야만 하는 부가적이고, 필수적인 업무 요소가 될 수밖에 없다.

대인 고객업무가 이루어지는 서비스 현장에서는 고객들의 서비스 요구도가 갈수록 상승하고 있고, 따라서 그들의 까다롭고 다양한 욕구를 만족시켜야만 하기에 이르렀다. 그래야 기존 고객을 계속 유지할 수 있으며 신규 고객을 창출할 수 있기 때문이다. 이는 고객만족경영 가치에 기반을 둔 서비스 경영의 개념에 따라 고객에 대한 종업원들의 감정표현과 감정활동의 중요성이 점점 더 강조되고 있음을 볼 수 있다. 이를 위해 모든 기업에서는 다양한 프로그램과 형태로 '친절교육'이라고 대표되는 '고객만족교육'을 강화하면서 업무 종사자들에게 고객 지향적 사고와 서비스 지향적 태도를 익히고 실천하게 하고 있다.

이러한 감정노동자들의 직무 스트레스는 의욕상실, 우울증 등 정신적 건강에 위험 요소가 되고, 장기적으로 이러한 상황이 지속되면 식욕부진, 소화불량, 두통 등 신체적 건강을 해쳐서 질병을 유발하게 된다. 또 한편으로는 개인이 자기가 맡은 역할수행을 잘 해낼 수 있다는 자신감인 자기 효능감을 저하시키게 된다. 때문에 업무 능력을 감소시키는 결과를 가져오게 되며 이는 그 업무나 직장을 떠나고자 하는 이직 의도로 이어지는 사회적 건강까지 위협하게 되는 것이다.

"이거 바꿔줘." "너 내가 누군지 알아? 내가 바로 정 여사야."
언젠가 주말마다 텔레비전에서 방송했던 개그 프로그램 대사의 일부분이다. 이는 기업의 상품을 구매하고 소비하는 과정에서 고객들이 느끼는 불편사항이나 불만을 항의하는 순수한 불만고객은 아니다. '블랙 컨슈머'라고 일컫는 그야말로 불량고객이다. 이렇게 자기 맘대로 안 되면 무작정 억지를 부리는 고객에게 마저도 판매사원은 화를 내기는커녕 큰소리 한 번 못 친다. 마음 같아서는 고객을 꾸짖어 쫓아내기라도 하고 싶지만, 오히려 마냥 웃는 얼굴과 공손한 태도로 고객을 달래고 설득하여 애쓴다. 그러다가, 마침내는 어쩔 수없이 생떼를 쓰는 고객에게 힘없이 항복하여 원하는 대로 해주게 된다.

그런가 하면 어느 항공사에서는 비행이 끝난 후, 승무원들이 고객에게 불만사항이 될 만한 일들을 미리 보고서를 통해 작성하여 제출해야 된다고 한다. 그리고 정해진 횟수 이상으로 고객 불만사항 건수가 접수되면 그 승무원은 일정 기간 동안 업무수행, 즉 비행을 금지당하고 대신 그에 응당한 교육을 받게 된다고 한다. 이는 고객에게 항의가 들어오는 것을 미리 예방하려는 의도이거나 그런 사례들을 통해 재발생률을 줄이고자 하는 조직적인 노력일 것이다. 하지만, 좀 더 생각해보면, 이런 과정에서 승무원들은 감정노동의 강도를 점점 더 높이게 될 뿐만 아니라 직무 스트레스의 축적을 가져오게 되어 결국 이직까지도 고려한다는 것이다. 이렇게 되면 감정노동 종사자 개인적으론 물론이고, 조직이나 기업의 인적 자원관리 측면에서도 매우 비효율적일 수밖에 없다.

그런데 지금도 비단 항공사 승무원들뿐만 아니라 의료, 관광, 금융산업 현장과 백화점이나 마트의 판매사원, 콜센터 직원, 사회복지사 등 우리 사회 다양한 분야의 감정노동의 현장에서 대고객 접점업무를 수행하며 상냥하게 웃고 있을 감정노동자들이 계속 겪는 상황이다. 비록 그들이 쓰고 있는 스마일 마스크 속에서는 울고 있을지라도……. 그러면서도 그들은 '그래도 다행이야!', '참아야 해'라고 스스로를 위로하면서 직업을 갖고 이유, 즉 노동을 통한 수입으로 생계를 유지하고, 사회생활의 통로이자 자아실현의 계기로 삼아 보기 위해 어쩔 수 없는 '셀프힐링'을 하고 있을 수도 있다.

이러한 감정노동은 육체노동 못지않게 커다란 직무 스트레스가 된다. 그리고 이렇게 직무스트레스가 쌓인 감정노동자들이 많은 조직이나 기업이 건강하기 힘들다. 그대로 방치해두면 조직 전체가 서서히 병들어 가서 중병에 걸리거나 사망에 이를 수 있다.

그럼에도 불구하고 여전히 서비스 제공자에 대한 고객의 눈높이는 자꾸만 높아져 가고, 기업은 그 눈높이를 맞추기 위해 한발

더 앞서나가는 노력으로 생존과 성장을 이루려 한다. 하지만, 기업의 이러한 약점을 이용하려는 불량고객들은 갈수록 더 늘어나는 추세이다. 이러한 조직의 운영 방향은 기업이 서비스 제공 현장의 문제점을 개선하고, 이용자의 불편을 최소화하고자 하는 노력에는 별 도움이 되지 않으며 오히려 기업의 생산성을 떨어뜨린다. 동시에 그 서비스를 이용하고 있는 다른 고객에게도 피해를 주게 될 가능성이 높다. 그리고 언젠가는 자신도 그 피해자에 속할 수도 있다.

필자도 이런 상황에 그대로 노출되어 있었던 경험이 있다. 의료기관에서 오랜 기간 근무하면서 의료 서비스를 제공하는 현장 실무수행 도중 환자나 보호자들을 좀 더 만족시키기 위해 고객 서비스의 다양한 측면에서 노력을 기울였었다.

그 업무 중의 하나가 서비스 실패로 발생한 '불만고객'을 응대하여 서비스 회복을 위한 업무담당과 직원들에 대한 서비스 교육이었다. 그런데 직원들에게 그런 교육을 반복할 때마다 항상 스스로 고민하게 되는 것은 '그런데 직원들의 불만은 또 누가, 어떻게 처리해주지? 그리고 언제까지 이들에게 친절만을 강조하며 희생을 요구해야만 하는 것일까?'였다.

왜냐하면 필자 자신도 그러한 감정노동을 해오는 동안 그것이 얼마나 에너지를 소진시키고 자아 존중감을 저하시키는지를 겪어서 잘 알고 있기 때문이었다. 실제로 그렇게 몇 년을 지내다 보니 위궤양이나 긴장성 두통 같은 질병을 자주 앓게 되고나 갑자기 시력이 나빠지면서 탈모증세와 연령에 맞지 않게 흰머리까지 급속히 늘어가는 신체적 증상을 경험했었다.

그뿐 아니라 특별한 이유 없이도 슬퍼지고 우울해지거나 일상생활 속에서 자주 짜증이 나거나 불현듯 치밀어 오르는 분노를 경험하며 참을 수 없는 지경에 이르기도 했었다. 그러면서 '내가 이 일을 계속해야 하나?' 하는 의문을 품게 되고, 그 조직을 떠나거나 아예 다른 일을 해보고 싶은 생각을 늘 품게 되었던 것이다.

그러므로 이제 더 이상 이대로는 안 되겠다. 감정노동자들이 적당히 '셀프' 힐링 하면서 견뎌내도록 모른 척 내버려 두거나 더 잘 이겨내도록 강요만 해서는 더더욱 안 된다.

이제 사회와 기업이 좀 더 능동적으로 나서야 할 때다. 왜냐하면 그들의 상처 받은 감정을 치유하는 것이 조직이 건강해지고 행복해지는 길이기 때문이다. 구성원의 건강 상태가 곧 조직의 건강 상태로 이어지는 것이며, 감정노동으로 인해 혹사당하는 그들의 지친 감성을 쉬게 하고 어루만져 주어야 한다.

한 개인의 품성이나 자질을 탓하면서 이성적인 기준을 세워두고 몰아붙이는 것은 전혀 효과적이지 못하다. 속으로 곪아가는 상처는 그들을 고통스럽게 만들어 쓰러지게 만들 것이고, 마치 암덩어리가 자라듯이 내부의 에너지를 점점 소진시킬 뿐이다. 결국 조직도 쓰러져가고 전체의 에너지가 소진되기에 이르는 것이다.

그러므로 기업, 특히 서비스 업무가 강조되는 조직에서는 외부고객만족에만 초점을 맞출 것이 아니라 내부고객, 즉 기업의 업무 종사자들을 가장 소중한 자산으로 인식하고, 그들을 먼저 만족시켜야 한다.

그들의 상처받지 않도록 가능한 여러 가지 환경을 개선하고 시스템을 갖추는 것은 당연하다. 또 업무수행 중 발생하는 그들의 육체적인 상처뿐만 아니라 눈물과 피를 흘리고 있을지도 모를 숨겨진 감성의 상처를 먼저 감싸 안아야겠다. 그들이 편안하고 즐거운 마음으로 현장에서 일할 수 있도록 배려하고 존중해주어야 한다. 그렇게 그들의 마음을 사로잡을 수 있는 환경이 갖추어져야 감성으로 소용돌이 친 에너지가 조직의 이성의 힘에까지 전달되고 그들을 움직이게 할 수 있다. 그 조직적인 힘은 효율적으로 지속가능한 성장과 발전을 이루어 기업이 존재하는 참된 사회적 가치까지도 실현할 수 있을 것이다.

03

직무 스트레스,
감성조직에서는 이렇게 관리한다

"모든 직장인은 가슴속에 '사표'라는 최후의 은장도를 품고 산다."

어느 직장인이 SNS 트위터에 남긴 말이다. 이렇게 마음에 사표를 담아두고 오늘도 직장으로 출근하는 이들이 많을 것이다. 하지만, 설사 그러고 싶은 상황이더라도 당장 사표를 꺼내 들지는 못할 것이고, 그렇다고 그 사표를 완전히 철회하지도 않은 채 하루를 보내고 힘겹게 퇴근하는 이들이 대부분일 것이다. 이렇게 조직의 심장처럼 중요한 구성원들의 가슴이 더 이상 뛰지 않고 이미

열정이 식어버린 조직은 어떻게 그 생명을 유지해나갈 수 있을까? 거기에 지속 가능한 성장발전을 목표로 삼았겠지만, 정상적인 상태를 유지하기는 어려울 것이다.

직장인에게 반복되는 어두운 일상이 얼마나 비효율적인 결과를 가져올게 될까? 그것은 굳이 객관적인 분석과 수치로 측정하지 않더라도 쉽게 예측해볼 수 있다. 직장을 향해 가볍고 힘찬 발걸음으로 향하던 처음의 기억은 어디론가 사라지고, '오늘은 또 어떻게 시간을 보낼까?', '어디 다른 좋은 직장은 없을까?'라는 생각으로 업무에 집중할 수 없는 상황이 반복된다면 당연히 업무성과는 부진하기 마련이고, 이는 스스로의 직무 만족도까지 저하시켜 업무와 조직에 대한 충성도를 잃게 만든다.

그렇게 하루에도 수천 번 오락가락하는 마음을 붙들어 놓지 못하면 어느 순간 울컥하는 감정을 절제하지 못하는 상황이 닥치게 될 때 자제력을 잃게 된다. 이성적인 통제력과 인내의 한계를 넘어 아무 대책도 없이 감정적으로 사표를 던져버리기도 한다. 그리고는 곧 후회하기도 하지만 이미 엎질러진 물을 다시 담기는 어렵다.

직장인이 갖고 있는 이런 이직 의도는 한 개인은 물론 조직, 양측 모두에게 손실을 준다. 그렇다면 직무 스트레스의 발생을 가능한 줄이는 것 말고도 여느 조직에서나 그 종류와 강도는 차이가 있겠지만 둘 다에게 긍정적인 결과를 낳게 할 효율적인 직무 스트레스의 관리 방법을 찾는 것이 매우 중요해진다.

취업포털 잡 코리아와 월간 '인재경영'이 국내외 기업에 재직 중인 남녀 직장인을 대상으로 공동 조사한 결과에 의하면, '직장인 사직서 제출 충동 경험' 이유 중 1위가 '매일 야근이나 반복되는 초과근무'라고 한다. 또 다른 조사결과는 '회사에서 나의 미래가 불투명할 때' 가장 사표를 쓰고 싶고, '업무 능력을 무시당할 때'와 '쥐꼬리만 한 월급', '상사의 끊임없는 잔소리와 참견'이라고 한다. 그런데 흥미로운 것은 사표를 쓰고 싶다가도 참게 되는 순간 1위로는 '월급 날'이라고 했다. 이는 생계를 걱정하며 어쩔 수 없이 다니게 되기 때문이라고 답했다. 가히 공감이 가는 결과다.

그런데 스트레스도 긍정적인 것(eustress)과 부정적인 것(distress)로 나눈다. 어떤 상황에서 스트레스가 전혀 없는 것보다는 적당한 정도로 느끼는 것이 오히려 동기유발과 활력소로 작용하게 되는 경우가 전자이고, 양적으로나 질적으로 감당하기 힘들 만큼 지나친 스트레스는 의욕 저하를 가져오고 효과적인 목표달성이 어려우며 심하면 심신의 질병 유발로 인해 사망에까지 이르는 치명적인 결과를 가져오기도 하는 것이 후자이다. 후자의 경우라면 개인을 넘어 조직에 얼마나 안타까운 일이며, 큰 손실인가? 그래서 이런 직무 스트레스를 잘 관리할 수만 있다면 직장인에게는 행복한 삶의 원동력이 됨은 물론이고, 회사의 입장에서도 생산성을 증가시켜 각종 성과지표를 높일 수 있는 요소와 자원임을 인식해야 한다. 그래서 이를 위한 적극적인 노력과 관리가 필요하다.

물론 개개인도 이를 극복하고자 당연히 여러 가지 방법을 시도해야겠지만, 직무스트레스와 이직의도에 관한 필자의 연구에서 얻은 결과를 토대로 조직의 관리자라고 할 수 있는 경영자 측면에서 해야 할 노력에 대해 몇 가지 제언한다.

조직생활을 하다가 직무 스트레스를 겪으며 이직 의도를 갖게 되는 이유로는 자신의 직무에 대한 불만족 상태와 회사와의 유대

관계가 약하거나 문제가 발생했을 경우이다. 그리고 감당해야 할 업무의 양과 업무수행 과정에서 자신의 재량권이 얼마나 주어지느냐에 따라서도 직무 스트레스를 느끼는 정도가 다르다. 또 조직마다 변수는 있겠지만 근무시간과 급여 등의 금전적 인센티브도 대부분의 직장인들에게 가장 중요한 직무 스트레스를 유발하는 요인 중의 하나이다. 그래서 그들이 겪게 되는 직무 스트레스 상황을 줄이고, 회사와의 돈독한 관계를 유지하며 이를 관리해나가기 위한 방법을 찾아야 하는데, 이는 다음과 같이 요약해볼 수 있다.

첫째는 적절한 업무의 양과 권한 위임이다. 자신이 가진 역량으로 해결 가능한 적당한 업무의 양을 어느 정도 정해주어야 하며 그 업무를 수행하면서 필요한 적절한 권한도 함께 주어야 한다. 그렇게 자신감을 갖는 상황일 때 그들은 즐겁게 편안하게 에너지를 발휘하면서 목표를 달성해낸다. 더불어 성취감과 만족감까지 얻을 수 있기 때문에 행복한 조직생활을 이어갈 수 있게 될 것이다. 마음에 미소를 머금은 맑은 표정과 긍정적 태도로 적극적으로 일하는 구성원들이 많은 조직을 상상해보라. 관리자 또한 기분이 좋아지는 상황이다.

둘째는 근무시간과 재생산을 위한 휴식시간의 균형이다. 인간은 기계가 아니다. 설사 기계라 해도 일정 시간마다 쉬어야 하고, 문제없이 다시 가동하기 위해서는 세밀한 점검이 필요하다. 하물며 인간은 어떻겠는가? 신체의 자정 능력과 회복 능력에도 한계가 있고, 더구나 감성이 작용하는 정신적인 인내에도 그 역치가 있게 마련이다. 이를 무시하고 혹사시키게 되면 여기저기서 단기간에는 바람직하다고 여길지 모르지만 장기간 지속되거나 결과를 놓고 보면 빨간 불이 들어오게 된다. 그렇게 되면 효과와 효율, 두 측면 모두에서 당연히 부정적일 것이다. 이를 위해서는 형식적인 시스템이나 최소 기준으로 관리하기보다는 가능한 구성원들이 충분히 수용하고 공감할 수 있도록 실제적인 장치들이 마련될수록 좋다. 그런 제도나 환경을 그들의 입장에서, 그들이 감동하도록 만들어보자.

셋째로는 능력에 대한 인정과 그 성과에 대한 적절한 보상이다. 사람은 인정받지 못하고 무시당할 때 가장 자존감이 낮아지고, 더 이상 그 어떤 것도 해내기 어렵다고 한다. 반대로 자신이 누군가에게 어디에선가 가치를 인정받고 공헌한 데에 따른 보상이 주어지면 그때부터 또 다른 부가가치를 만들어내기 위해 더 많이 공헌하게 된다는 것이다. 그들이 이루어낸 것에 대해 반드시 평가가 객관적으로 이루어져야 하며 정당한 대가가 주어지도록 해야 한다. 그것은 물질적인 것으로 나타나는 것이 대부분이겠지만, 꼭 그렇지만도 않다. 물질적인 것이 필요하다면 당연히 그래야 하겠고, 그 외에 정서적인 부분이나 사회적인 면이 더 중요할 수도 있다.

이런 관리 전략과 시스템의 마련은 사람이 살아가면서 바라고 찾게 되는 것들을 '인간의 욕구 5단계'로 정리한 매슬로우의 이론을 참고해보면 그 근거가 더 확실해진다.

매슬로우는 인간의 욕구는 다섯 가지로 분류할 수 있는데, 1단계 생리적 욕구, 2단계 안정의 욕구, 3단계 소속감과 애정의 욕구, 4단계 자아존중의 욕구, 5단계 자아실현의 욕구로 정의하였다. 그러면서 이 욕구들은 기본적인 욕구부터 충족시켜 나가야 하며, 하위 단계의 욕구가 충족되지 않았을 때, 그 상위 단계의 욕구충족이 불가능하다고 하였다.

즉 식욕, 배설욕, 수면욕, 성욕 등 가장 기본 단계인 신체적인 욕구가 우선적으로 충족되어야만 그 다음 단계로 나아갈 수 있다는 것이다. 그래서 안전한 환경 속에서 안정적인 분위가가 만들어졌을 때 정서적인 욕구를 채울 수 있으며 인간은 사회적 동물이기 때문에 누군가와 애정을 주고받고 어딘가에 소속되어 즐겁고 편안하게 함께하는 것이 가능해질 때 비로소 자기 정체성을 긍정적으로 형성하게 된다고 했다. 그렇게 자신이 소중하게 여겨지고 가치를 인정할 수 있을 때 비로소 좀 더 나아지려는 욕구, 자아실현의 의지가 생기고 그 욕구를 충족시키기 위해 노력한다는 것이다.

그러므로 조직에서는 그들이 뭔가 목표를 세우고 이루어 나가기를 원한다면 그 하위개념의 욕구들이 충분히 만족되었는지부터 살펴보아야 한다.

이렇게 자신이 몸담고 있는 조직에서 현실에 대한 불만요소와 미래에 대한 불안과 불확실성을 제거하고, 조직에 몰입할 수 있는 환경을 만들어주어야 한다. 이렇게 조직은 구성원이 갖고 있는 현실에 대한 불만요소와 미래에 대한 불안과 불확실성을 제거하여 조직에 몰입할 수 있는 환경을 만들어주어야 한다. 이는 이성적인 요소와 함께 감성적인 요소를 소유한 사람이 모여 구성되기에 당연히 중요하게 여겨야 할 관리요소이기 때문이다. 어쩌면 조직을 관리함에 있어서 다른 그 무엇보다도 가장 우선시해야 된다고 해도 과언이 아니다. 그래서 그들의 마음 저 깊은 곳으로부터 울림이 시작되어 가슴에서 힘찬 박동을 만들어내도록 해야겠다.

그들의 몸을 잡아두기 이전에 마음을 사로잡아 두어야 한다. 그러면 업무수행에 필요한 에너지를 스스로 생산해내는 것은 물론 직무 스트레스에서 자유로워져 마음껏 일하게 될 것이다. 자신의 능력을 충분히 발휘하고, 잠재 능력까지 끌어올려서 자신의 꿈을 키우면서 조직과 함께 성장발전 해나가는 직장인이 점점 더 많아질 것이다. 그럴수록 우리 사회의 많은 조직, 기업의 미래도 그 전망이 한층 더 밝아질 것이다.

04

고객의 소리,
이제 '내부고객의 소리'에도 귀 기울이자

'지금 우리가 뭘 잘못하고 있는 것은 없을까?' '우리가 지금보다 좀 더 앞으로 나아가기 위해 뭐가 필요하지?'

여기에 대한 해답을 누가 가장 잘 알고 있을까? 그리고 그 해답을 알게 된다면 이를 어떻게 활용하는 것이 좋을까?

여느 조직이든 기업이든 지속직인 발전을 거듭하기 위해서는 한 번쯤, 아니 정기적으로 자문하거나 점검해보는 질문이다. '우리가 앞으로 나아갈 길'을 밝히는 일이기 때문이다. 보이는 것과 들리는 것에 눈과 귀를 기울임은 물론이고, 나아가 보이지 않는 것과 들리지 않는 것까지도 찾아내 개선하고 보완할 수 있다면 현재의 오류에서 벗어나서 한 단계 더 성장할 수 있는 원동력이 될 것이다. 그래서 여러 가지 방법으로 시스템과 프로세스 관리에 많은 노력을 기울이는데, 이를 가장 빠르고 직접적으로 파악할 수 있는 방법이 조직이나 기업을 이용하는 고객들로부터 얻는 제품이나 서비스에 대한 평가라고 할 수 있다. 바로 고객의 소리(VOC: Voice Of Customer)라고 이르는 평가방법이다.

얼마 전 어느 대기업 전자회사 서비스센터 직원의 사고로 인해 사회적 이슈가 된 '고객의 소리'는 조직이나 기업 활동에 대한 고객들의 다양한 반응을 나타내는 말이다. 그런데 이 고객의 소리는 흔히 알려진 것처럼 고객들이 가지는 부정적 요소, 즉 불만이나 항의만을 말하는 것은 아니다. 그 밖에도 칭찬이나 감사, 제안, 건의 등 긍정적인 고객의 소리도 모두 포함하고 있다. 그러므로 다양한 채널을 통해 들어온 고객의 소리는 '고객만족경영'의 관점에서 볼 때 조직이나 기업의 평가자료 중 그 어떤 기준으로 측정한 다른 것보다도 가장 근본이 되는 소중한 정보이고 자산이기도 하다. 따라서 이를 다양하고 체계적으로 잘 수집, 저장하고 그에 따른 원인분석과 대책마련이야말로 지속 가능한 성장을 위해 반드시 요구되는 마케팅 관리기법 중 필수적이라 하겠다.

이제 기업경영의 패러다임은 제품이나 서비스를 제공하는 공급자 중심에서 수요자 중심체계로 완전히 전환되었다고 볼 수 있다. 그래서 수요자, 즉 고객의 표출된 요구는 물론, 내면에 잠재된 요구까지 알아내야만 한다. 이 과정을 통해 고객이 원하는 상품을 개발하고 제공하는 프로세스 및 서비스를 개선하는 일이 이 무한 경쟁시대에서 조직과 기업이 생존과 성장할 수 있는 선행요건이자 필수요건인 것이다. 그러므로 이에 대해 조직의 리더나 기업의 최고 경영자를 비롯한 경영진의 관심과 강한 의지로 적극적인 참여가 우선되어야 하며, 또한 전사적으로 이루어져야 한다.

그래서 고객이나 기업, 어느 쪽이든 일방적으로 의견을 표출하고 전달하는 반쪽짜리 소통이 아니라, 서로 의견을 교환하고 조정해가는 양방향 소통이 원활하게 이루어질 수 있도록 체계화 된 시스템을 마련해야 한다.

그러나 대부분의 조직이나 기관, 기업 등에서는 이를 알면서도 형식적인 모양새 갖추기에 머무르거나 아직도 아예 시도하지도 않는 경우도 많다. 또 더 문제가 되는 경우는 부정적인 고객의 소리에만 집중하고, 이에 대한 대응이나 예방체계는 잘 갖추어 가고 있으나, 긍정적인 부분에 대해서는 그것을 적극적 활용이나 발전적 사례로 키워나가는 사례가 그리 많지 않다.

그 예로써 지난번 전자회사 서비스센터 직원의 사례도 부정적 고객의 소리에 대한 조직의 잘못된 대처 과정에서 비롯된 일인데, 참으로 안타까운 경우가 아닐 수 없다. 고객의 특성이나 서비스 제공 시의 현장상황 등은 고려하지 않은 채 고객의 부정적인 소리에 오로지 직원의 실수를 추궁하고 채벌하는 구조화된 문제점들에 비롯된 불행한 사건이었다. 잘못 이용해온 누적된 시스템들이 결국 감정노동과 직무 스트레스만 유발하고, 상황을 개선하기보다는 오히려 극단적인 선택을 하는 더 잘못된 결과를 낳게 된 것이다. 이는 그 직원에게는 말할 것도 없이 일어나서는 안 되는 조직생활의 결과이고, 기업도 함께 많은 것을 잃게 된다. 즉 인적 자원인 조직원의 손실은 물론이고 재정적이 손실, 기업의 이미지 손

상까지 표면적으로 드러난 것들 외에도 더 많을 것이다.

　기업의 입장에서는 기업의 상품과 서비스를 직접 구매하는 외부 고객이 우선이라고 여길지 모르지만, 장기적으로 볼 때는 기업의 직무를 구매한 내부고객, 즉 직원과 협력업체가 기업의 발전과 가치경영에 더 많은 기여를 하게 됨을 간과하지 말아야 할 것이다. 그들은 조직을 유지해나가고 성장시키는 자원이며 에너지이므로 동반자적인 파트너십을 가져야 한다.

　따라서 기업은 고객의 소리 운영방침에 대한 의도를 먼저 고객 접점의 직원들이 먼저 충분한 이해와 공감대 형성을 이루도록 하는 것이 중요하다. 물론 부정적이든 긍정적이든 고객의 소리는 그들이 실행한 결과에 대한 평가가 될 수 있으므로 그에 따른 상벌이 뒤따라야 하지만, 그것도 전후 상황을 잘 따져보고, 명확한 기준에 의거해야 한다. 단순히 수집된 자료만 가지고 인사고과를 위한 평가수단이나 업무감시를 위한 감독, 질책, 규제, 징벌이 앞서는 통제 수단으로 쉽게 이용해서는 안 된다. 오히려 많은 부작용과 손실을 초래할 수 있기 때문이다.

즉, 잘못에 대한 지적도 필요하지만, 먼저 잘된 것을 칭찬하는 강화요법이 더 효과적일 수도 있다. 행동주의 교육이론을 주장한 스키너라는 학자의 주장에 의하면, '특정 행동의 결과가 긍정적 보상을 받게 되면, 그 행동은 지속적으로 강화시켜 주는 환경에 의해서 개인의 행동으로 형성된다'고 하지 않는가? 그러면서 그들이 조직이나 기업에 보내는 목소리에 더 먼저 귀 기울일수록 문제가 발생될 소지를 미리 차단하거나 예방할 수 있고, 더 커지기 전에 적은 노력으로도 수정해나갈 수 있다. 그들은 리더나 경영자가 알 수 없는 조직 내부의 사소한 문제점들이나 커다란 위해요소를 체감하고 있는 경우가 많으며 더구나 현장에서 직접 체험하는 과정에서 얻어낸 생생한 정보들을 가장 많이 알고 있기 때문이다. 그러므로 그들이 보다 많은 감각으로 더 많은 것들을 찾아내고 수집할 수 있도록 고무하고, 그러한 감성역량 강화와 커뮤니케이션 능력을 대한 배양시켜 나가도록 격려해야 한다. 그래서 그들의 잔잔한 감성에서 일렁이는 동기유발과 폭풍처럼 몰아쳐 불가능한 일마저도 가능케 할 수 있는 사기진작에 적극적인 지원이 꾸준히 이루어져야 한다.

고객의 소리, 지금까지 밖에서 들리는 소리에만 집중했었다면 이제 내부에서 들려오는 소리에도 귀 기울여보자. 들리는가? 그들의 소리 없는 아우성이 얼마나 컸던가를…….

조직 성장의 필살기,
SWOT 전략! 감성적으로 활용하기

'과연 어떤 팀이 최후의 승자로 환호하게 될까? 그러기 위해 어떻게 준비하고 대처해나갈까?'

요즈음 가장 인기 있는 대중 스포츠 중의 하나인 프로야구, 시즌이 계속되는 동안 이런 궁금함은 팬들에게 즐거움과 흥미를 키워주는 주요 관심사다. 하지만 실제 야구를 하는 각 팀 선수들과 구단관계자들에게 이 주제는 그야말로 사활이 걸려 있는 생존 문제이기도 하다.

그래서 각 팀들은 시즌이 끝나고 나서 휴식기라고 할 수 있는 늦가을부터 겨울 동안이 그냥 쉬는 휴가가 아니다. 물론 경기가 벌어지는 동안에도 실시간으로 그래야겠지만 그 시기야말로 본격적으로 팀을 재정비하고 다음 시즌을 위한 준비를 하게 되는 아주 중요한 때이다. 그래서 선수단이 처해 있는 현 상황을 여러 각도로 점검해보고 다른 팀과의 비교분석을 통해 다음 시즌을 승리로 이끌 수 있도록 전력을 다한다. 때문에 새로운 멤버를 영입하거나 때로는 방출하기도 하고, 팀을 이끌 감독이나 코칭스탭진을 교체하기도 한다.

그렇게 팀을 정비한 후에는 팀 구성원이 가장 효율적으로 경기할 수 있도록 조직을 재구성한다. 또 경기에서 만나게 될 상대팀들에 대해 수집한 자료를 최대한 분석하고, 그에 맞게 경기전략을 세우는 것은 물론이고 각 경기장마다의 특성을 고려하는 환경적인 면까지도 가능한 적용한다. 그 외에도 각종 예측변수에 대한 돌발상황과 위협요소들, 가령 선수들의 부상이나 부진 또는 기상 등 자연적인 요소, 지역적, 상황적인 사회적 요소까지도 팀을 위한 전략에 포함된다. 그렇게 철저하게 준비하고 계획한 전략에 따라 팀은 훈련에 훈련을 거듭하고, 실제 경기에 임해 진행되는 동안에도 이러한 일은 수시로 이루어진다.

그리고, 대체적으로 그런 전략들이 잘 짜여지고 잘 준비된 팀, 그리고 실시간으로 계속 체크해나가는 팀이 한 시즌이 끝날 때쯤, 마지막까지 살아남아 최종 우승을 바라볼 수 있게 된다. 그리고 그중에 승리하는 팀은 팬들이나 야구 전문가, 그리고 다른 팀들로부터 까지도 의아한 시선이나 평가를 받기보다는 수긍과 함께 박수를 받게 되는 것이다.

자, 이렇게 조직이 승리하고, 조직원도 함께 성장할 수 있게 만드는 분석과 계획이 중요한데, 그런 과정에서 가장 효과적으로 활용할 수 있는 최선의 방법은 무엇일까? 스포츠 팀뿐만 아니라 어느 조직이나 기업을 막론하고 각각의 상황에 따라 적절히 활용할 수 있는 만능열쇠 같은 도구는 없을까? 만약 그런 방법이라면 시대와 장소를 넘어 언제 어디서나 누구라도 쉽게 적용해볼 수 있을 텐데······.

그래서 기업에서 경영전략으로 사용하는 가장 기본적이면서도 고차원적 마케팅 기법이라고 할 수 있는 스와트(SWOT) 분석 기법을 소개한다. 말했듯이 이 스와트 분석은 한 개인, 그러니까 조직의 구성원들에 대해서 적용해볼 수도 있고, 그 단위가 정해져 있지 않기 때문에 소그룹에서부터 큰 조직, 기관, 기업 그리고 국가적으로도 활용이 가능하다. 또 어떤 한 업무나 추진하고자 하는 프로젝트 등에도 이 스와트 기법으로 시작해서 꾸준히 업데이트해 나간다면 그 성공 가능성이 매우 높다. 그러면 이를 좀 더 자세히 살펴보자.

스와트 분석이란 어떤 조직이나 기업이 현재 내외부적으로 처해 있는 환경을 4가지 측면, 즉 강점(Strength), 약점(Weakness), 기회(Opportunity), 위협(Threat)요인으로 분석하고 성공하기 위한 전략을 도출해내는 방법이다.

즉, 환경 분석을 통하여 내부에서는 강점과 약점을 발견하고, 외부에서는 기회와 위협요인을 찾아내서 이를 바탕으로 강점은 살리고 약점은 보완하고, 기회는 활용하고 위협을 극복하는 전략이다. 그래서 현재의 유리한 상황을 강화하여 성장 동력으로 삼고, 불리한 상황을 제거하여 위기를 벗어나는 것은 물론 더 나아가 지속 가능한 성장을 이룰 수 있는 것이다.

그래서 자신의 의지대로 조절이 가능한 내부 환경요소로써 키워나가야 할 장점은 무엇인지, 줄이고 개선해야 할 단점은 무엇인지를 파악하고, 자신을 둘러싸고 있는 경쟁적인 외부 환경요소로써 도움이 될 유익한 기회와 불리하게 작용할 수 있는 위협상황은 무엇인지를 정확히 잘 분석해야 한다. 그래서 이 요소들 간에 상호 시너지 효과를 낼 수 있는 전략을 계획하고 그에 따른 적극적 실천이 뒤따라야 하는데, 이는 다음과 같이 제시해볼 수 있다.

먼저, SO 전략은 강점 – 기회전략이다. 외부적인 기회요인에 도전해서 얻기 위해 내부적으로 가진 강점을 적극적으로 강화하고 활용하는 것이다.

다음은 ST 전략으로 강점 – 위협전략인데, 외부적으로 존재하는 위협요인을 피하고 제거하기 위해 내부적인 강점을 최대한 이용하는 것이다.

또 WO 전략은 약점 – 기회전략으로써 내부적인 약점을 보완하고 극복해서 외부적으로 가능한 기회를 이용한다는 전략이다.

그리고 WT 전략은 약점 – 위협전략이며 외부적인 위협요인을 피하면서 내부적인 약점을 극복하고 개선해나가는 전략이다.

이렇듯이 어느 개인이나 조직, 기업이 자신이 현재 처해있는 상황을 냉정하고도 객관적으로 분석함과 동시에 그에 따라 앞으로의 성공 가능한 계획과 목표를 수립하고, 활용 능력을 키워간다면 최적의 조건에서 최선의 대응책이 될 수 있다.

그런데 이 스와트 분석과 전략을 세울 때에도 소홀히 하지 말아야 할 것이 시대적 흐름에 따른 인간 사회의 특성이다. 강조했듯이 지금 우리는 20세기 이전, 이성적인 부분에 맞추어졌던 초점이 21세기에 들어서면서부터 점점 더 감성적인 부분이 중요해지고 있다는 것이다. 산업사회의 발달과 우리 삶의 환경을 편리하게 한 과학과 기술의 발달과정에서 중시되었던 인간의 이성적인 부분들은 이제 그 한계를 드러내며 많은 부작용을 낳게 되고, 사람들은 좀 더 내면 깊숙이 잠재우고 숨겨왔던 인간의 본성인 감성을 찾는데 더 많은 노력을 기울여가고 있다.

그렇다고 이성적인 측면을 무시하거나 완전히 배제할 수는 없다. 다만 잃어버린 감성을 되찾고 깨우자는 것이다. 그래서 사람들이 모여 사회를 이루고 살아가는 데에 좀 더 따뜻하고 부드럽게 스며들어 편안하고 행복한 삶을 만들어가자는 것이다. 그러므로 우리 사회의 여러 형태를 이루고 있는 조직이 건강하게 만들어지고 성장하고, 유지되어 나가기 위해서는 그 구성원 하나하나가 먼저 그래야 한다는 것이며, 때문에 그들의 이성과 함께 감성을 북돋아주고 지지해주는 것이 더 효과적인 방법인 셈이다.

그 많은 조직 가운데서도 야구팀을 예로 들었던 것은 스포츠 팀은 어느 조직이나 기업, 사회의 생태계를 접목시켜 보기에 종종 적절한 모델이 되기 때문이다. 그래서 인기 있는 종목이나 큰 경기가 있을 때마다 각 팀의 리더의 성공적인 리더십과 함께 팀의 전략과 대처 능력은 아주 중요한 승패요인으로 분석되어 우리 사회 곳곳에 적용된다. 그리고 어느 정도 그런 잣대를 기준 삼아 객관적으로 팀의 우세와 열세를 예측하기도 하지만, 그것만으로는 미리 아무것도 확언할 수 없다. 아무리 좋은 전략을 세웠다고 해도 경기는 치러봐야 알고, 결과는 모든 경기가 끝나봐야 안다. 그래서 조직은 항상 살아 움직이는 생명력을 가지고 현재 경기 중이라는 점을 명심하고, 지속적인 노력이 요구된다.

강점을 최대한 부각시켜서 기회가 왔을 때 활용하고, 위협에 대해 미리 대처할 수 있는 만반의 준비와 함께 단점을 보완하기 위해 노력하는 팀이 결국 마지막에 웃을 것이다. 조직은 승리하고, 구성원도 성공한 행복한 모습을 우리는 보고 싶어 한다. 그리고 그런 조직의 구성원이 되고 싶어 한다.

삶 속에서 꾸준히 실천한다면
어느덧 소통의 대가가 되어 있을 것

간호장교로 근무하던 시절, 군은 곧 일사불란한 명령체계로 이루어지는 시스템이기 때문에 소통은 별 문제 없을 거라고 생각했었다. 그러나 군복을 입었지만 감정을 가진 사람이고, 아무리 교육과 훈련이 되어 진 정예부대라고 하지만 시시각각 변하는 상황 속에서 좀 더 빠르고 효과적으로 대처하고 미션을 수행하기 위해서는 서로 간의 원활한 소통이 매우 큰 역할을 했었다.

그야말로 소통이 안 되면 나 자신은 물론 동료의 생명까지 잃게 할 수 있고, 위기의 상황에서는 더욱더 정확하고 바른 소통의 힘이 필요했었다. 더구나 내가 근무했던 군병원의 응급실과 중환자실에서는 환자와 의료진, 의료진 간의 소통이 환자의 생명을 손에 쥐고 있기도 했었다. 지금도 내가 군대 얘기를 하면, '군대처럼 꽉 막힌 곳에 있던 분이 무슨 소통 강의를 하느냐?'는 질문을 받는 경우가 있다. 그렇게 생각할 수도 있다. 하지만 조금만 더 생각해보자. 군대조직만큼, 병원조직만큼 소통의 중요성이 강조되는 곳이 또 있을까?

그렇게 간호장교로 근무하고 육군 대위로 전역했다는 이력이 나는 상당히 자랑스럽기만 했었다. 자존감이 상당히 높았고, 자신감도 충만했었기 때문이었다. 그래서 전역 후 그야말로 민간인이 되어서도 언제 어디에 가든지 당당하게 먼저 밝히고 말할 수 있었다.

그런데 그게 문제였다. 그것은 내가 사회에서 살아가고 새로운 역할을 맡으며 자리 잡는 동안 기본적으로 업무역량이나 신뢰를 인증해주는 긍정적인 요소가 되었지만, 동시에 어떤 장애물, '주홍글씨' 같은 표식이 되어 부정적인 요소로도 작용한다는 것을 깨닫게 되었다. 사람들은 여성으로서는 평범하지 않은 내 경력에다가 미리부터 아예 '사관학교', '군인', '장교' 같은 이미지를 새겨놓고 그런 이미지로 바라보았다. 언급했듯이 물론 장점도 많았다. 정직함과 신뢰감, 조직에 대한 충성심을 의심받지 않았고, 종종 중요한 일들이 맡겨져 새로운 일에 도전해볼 수 있는 기회도 많이 주어졌으며, 팀을 이끄는 리더의 위치에도 서게 되었다.

하지만, 그건 면전에서 그리고 일이 잘될 때만 나타나는 좋은 평가였고, 보이지 않게 뒤에서 들려오는 좋지 않은 말들, 특히 업무의 추진이나 성과에서 잘되지 않을 때는 여지없이 날아오는 비판의 화살이 따갑기만 했었다. 바로 '사관학교 출신의 간호장교로 10년 근무한 육군 대위 출신'이라는 것이 나의 꼬리표가 되어 있었다.

같은 상황이라도 남보다 더 아픈 상처를 받아야 했었고, 더 큰 비난을 견뎌내기도 했었다. 더구나 동시다발적으로 많은 업무가 맡겨지거나 빠른 속도로 성과를 내고 나면 초기엔 포상과 칭찬이 쏟아지지만, 어느 순간 그 성과는 퇴색되고 그 과정 속에서 나타난 실수, 그리고 또 새로운 난관이 닥칠 때면 피할 수 없는 상황이 반복되곤 했었다.

나의 진심은 왜곡되기 일쑤고, 좌절을 겪어내야만 했었다. 그대로 포기할 수는 없었다. 무언가 절실한 돌파구를 찾아야 했다. 그래야 나도 살고 조직도 살 수 있기 때문이었다.

더구나, 병원에서는 내부고객인 직원들과의 관계만이 중요한 게 아니라 외부고객인 환자와 보호자들과의 관계 형성이 더 중요하게 여겨지는 업무를 담당했었다. 알다시피 병원 고객들은 여느 기업의 고객층보다 남녀노소가 다양할 뿐만 아니라 가장 예민하고 불안한 심리를 가지고 있다. 그래서 그들에게 어떻게 다가가서 어떤 방법으로 소통하느냐는 고객과 병원 양쪽 모두에게 생존이 걸려 있는 절실한 문제라고도 할 수 있다.

내가 병원에서 담당했던 업무 중의 하나가 바로 불만고객이 발생하면 그들을 응대하고 일을 수습하는 일이었다. 소통의 절정을 이루는 현장이었다. 그런 과정을 통해 나는 소통에 필요한 지식, 전략, 방법, 기술 등을 배우고 익히고 체험하며 소통의 달인이 되고 싶었다.

즉, 나야말로 편안한 소통, 따뜻한 소통, 즐거운 소통 그리고 시원한 소통이 절실히 필요했었다. 그래야만이 내 살아가는 곳에서 만나는 사람들과 다양한 관계를 이루며 함께 살아가는 것이 행복하다는 것을 알았기 때문이었다.

　최근 몇 년 동안 사람들은 나에게 이런 말들을 한다. "어쩌면 그렇게 사람을 편안하게 해주실 수 있으세요?" "어떻게 하면 그렇게 많은 사람들의 비위를 다 맞출 수 있으세요?" "얘기를 나누다보면 속이 다 시원해집니다." "자주 상담하고 싶습니다." "제 멘토가 되어주세요!" "좋은 영향력을 주는 이 시대에 꼭 필요한 리더이시군요!".....

　나는 이제 감히 이 책을 읽어주시는 독자들께 제안한다. 나의 경험을 바탕으로 쓰여 진 이 책에 나오는 내용들을, 오늘부터 하나하나 실행에 옮겨보길 바란다.

　그러다 보면 당신도 어느 새 주위 사람들로부터 위와 같은 말을 듣게 될 것이다. 또 당신은 사람들과 함께 있는 것이 편안하고, 사람들 또한 당신과 함께 있기를 좋아하게 될 것이다. 그러면 당신은 자신도 모르게 행복해져 있을 것이며, 당신이 만나는 사람들, 당신이 속해 있는 조직까지도 계속 성공을 이루어나갈 수 있을 것이다. 그렇게 꾸준한 실천으로 당신은 어느덧 소통의 대가가 되어있을 것이다. 함께하는 사람들의 마음을 사로잡아 두고 말이다.

부록

** 나의 감성소통 지수 체크 리스트 **

항 목	예	아니오
1. 나는 사람, 장소, 상황에 맞게 옷차림이나 헤어스타일에 신경을 쓴다.		
2. 나는 대화할 때 표정이나 목소리 톤에 신경을 많이 쓴다.		
3. 나는 대화할 때 상대방의 표정이나 목소리 톤에 신경을 많이 쓴다.		
4. 나는 내가 하고 싶은 말을 하기보다 먼저 상대방의 말을 많이 듣는다.		
5. 나는 상대방이 말할 때 눈을 마주치고, 가끔씩 고개를 끄덕이며 듣는다.		
6. 나는 나보다 상대방의 입장에서 생각하고 대화하려고 늘 노력한다.		
7. 나는 나와 생각이 다르더라도 상대방의 이야기를 끝까지 듣는다.		

항 목	예	아니오
8. 나는 상대방의 주장이 나와 달라도 일단 수용하는 태도를 갖는다.		
9. 나는 대화 중, 기분이 나빠지더라도 표현하지 않고, 참아낼 수 있다.		
10. 나는 대화 중에 나의 감정 상태를 스스로 잘 파악할 수 있다.		
11. 나는 대화 중에 나의 감정을 상황에 맞게 잘 조절할 수 있다.		
12. 나는 대화할 때 '어떻게 하면 대화의 결과를 긍정적으로 이끌어 낼 수 있을까?'라는 생각을 자주 한다.		
13. 나는 상대방의 이야기 중 내가 아는 내용이 나와도 지루해하지 않으며 배운다는 생각으로 끝까지 듣고, "덕분에 잘 배웠습니다"라고 한다.		

항 목	예	아니오
14. 나는 대화 중, 상대방의 말에 자주 "그렇 군요!", "그러셨어요?", "이해가 됩니다" 등 의 표현을 한다.		
15. 나는 사람들과 함께 이야기하며 생각을 나누는 것이 즐겁고 편안하다.		
16. 나는 주위 사람들이 자주 고민을 상담해 오며, 나는 그것을 좋아한다.		
17. 나의 주위 사람들로부터 '말이 잘 통한 다'라는 말을 자주 듣는다.		
18. 나는 주위 사람들로부터 '생각이 비슷하 다'라는 말을 자주 듣는다.		
19. 나는 평소에 나 자신에게보다 타인에게 관대하고 협력적이다.		
20. 나는 평소에 '고맙다', '미안하다', '사랑한 다'라는 말을 자주한다.		

·*· 나의 감성소통 지수 분석하기 ·*·

체크 항목 개수	감성소통 정도	감성소통 지수 분석
16-20 개	매우 우수	당신은 사람의 마음을 사로잡을 수 있습니다.
11-15 개	대체로 양호	당신은 사람의 마음을 움직일 수 있습니다.
6-10개	다소 부족	당신은 사람의 마음을 움직일 가능성이 있습니다.
0-5개	매우 부족	당신은 사람의 마음을 움직이기 어렵습니다.